El Secreto del Ñandutí

Las mujeres anónimas que arriesgaron
sus vidas por los sueños en los que creyeron.

ニャンドゥティの秘密
夢に命をかけた女性たち

自らが信じる夢に命を捧げた、名もなき女性たちの命の結晶であるニャンドゥティに、一筋の光が注がれんことを。

Deseo que un rayo de Dios ilumine al Ñandutí, donde cristalizan las acciones de mujeres anónimas que arriesgaron sus vidas por los sueños en los que creyeron.

I pray that a ray of light from God will shine upon Ñanduti, which enshrines the actions of the anonymous women who endangered their lives for the dream in which they believed.

はじめに

　南米パラグアイで、私は二つの不思議なものに出会いました。それは、ニャンドゥティというレースと、蜘蛛でした。

　ニャンドゥティとは、縫い針を使って作るニードルポイントレースです。蜘蛛の巣のような円形のモチーフがそれぞれ繋がり合って、一枚の布のようになります。現地のグァラニー族（guarani）が伝えた伝統的な民芸品として知られていました。

　また、ニャンドゥティ蜘蛛と呼ばれる蜘蛛は、世界でも珍しい、集団でいくつもの巣を繋げて生息するという、独特な生態を持っていました。

　1997年から3年間、夫の転勤で小学生の二人の息子を連れて赴任したパラグアイでは、原住民グァラニー族によって伝えられた、ニャンドゥティと蜘蛛との関係を語った伝説が、一般的に広く知られていました。

　当時、蜘蛛の研究者の招きでNHK取材班がニャンドゥティ蜘蛛の取材に来ましたが、結局両者の関係性を見出すことができず、番組として放映されることはありませんでしたが、そのことが私の意識の根底にあったのは確かです。

　最初、ニャンドゥティに興味を持ったのは、それぞれのモチーフに名前が付けられていること、そして、レースなのに刺繍のようにも扱われていることを知ったからでした。決定的だったのは、町外れの小さな博物館でみた古い白いレースの繊細さに、改めて、グァラニー族が伝えたとされる以上の何かがニャンドゥティにはあることを感じたからです。

　パラグアイの後、メキシコ、ブラジル、コロンビアと夫の仕事で滞在し、ニャンドゥティの起源と蜘蛛との関係を研究しながら、その土地からインスピレーションを得て作品を作り続けた今、ニャンドゥティは16世紀のイタリアのレースからスペインのレースへと発展したニードルポイントレースの影響を受け、ニャンドゥティ蜘蛛の存在によってパラグアイで独自に作り出されたことを確信しています。

　中南米には、キリスト教に関係した多くの世界遺産が存在します。しかし、

大航海時代、遥かヨーロッパから渡ってきた女性たちの功績について語られることはありませんでした。また、16世紀から19世紀、手仕事であるレースは一大産業であり、特にブラジル・アルゼンチン・ウルグアイとの三国同盟戦争で多大な犠牲を払ったパラグアイの復興を支えたのは、女性たちの手によって作られた手芸品でした。

　このささやかな本書が、ニャンドゥティの歴史文化遺産としての価値と、それを作り上げた名もなき女性たちの存在を知っていただくきっかけになればと願っています。

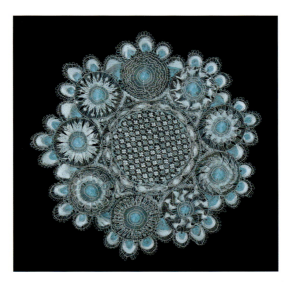

典型的なニャンドゥティレース　筆者作
Típica forma del Ñandutí por autora
Typical shape of Ñandutí, by the author

En Paraguay, Sudamérica, conocí dos cosas misteriosas: un encaje y una araña.

El Ñandutí es un encaje que usa una aguja de coser, y cuyo sentido es tela o tejido de araña en guaraní, porque cada motivo es circular como una telaraña conectándose entre ellas. Se lo conocía como un encaje tradicional que fue transmitido por la tribu guaraní.

La araña, también llamada Ñandutí, es la única araña en el mundo que tiene la particularidad de vivir en grupo, como en sociedad, tejen una telaraña toda la noche y las unen en una sola.

En Paraguay, donde viví tres años desde 1997 con mis dos hijos de la escuela primaria, por razones de trabajo de mi marido, era ampliamente conocida la leyenda del Ñandutí que relataba la relación entre un encaje y una araña, que fue transmitido por el tribu Guaraní. En ese momento, coincidió que por invitación de una investigadora de arañas, el equipo de NHK(Cooperación Radiodifusión de Japón) viajó al Paraguay a realizar una entrevista sobre el encaje Ñandutí y la araña, sin embargo finalmente no se pudo encontrar la relación entre ellos y nunca se transmitió como programa; esto ciertamente despertó "inconcientemente" mi interés hasta hoy.

Lo que primero me interesó del encaje Ñandutí fue que cada motivo tuviera su nombre y que aunque fuera un encaje, se lo tratara como bordado. Esto fue decisivo porque una vez más sentí algo más allá de lo que dice el Guaraní transmite el Ñandutí y de la delicadeza del antiguo encaje blanco que hoy se puede apreciar en un pequeño museo a la orilla de la ciudad de Asunción.

Después de Paraguay, viví con mi marido por su trabajo en México, Brasil y Colombia; mientras estudiaba la relación entre los orígenes del Ñandutí y las arañas, seguí indagando en estos países y ahora estoy segura que el Ñandutí es la nueva técnica del encaje con aguja, desarrollado del encaje italiano del siglo XVI y del de España, y estoy convencida de que su orígen es de Paraguay y se dió inspirado en la araña Ñandutí.

Es claro que existen muchos lugares Patrimonio Mundial en América Latina y que están relacionados con el cristianismo. Sin embargo, durante la Gran Navegación, no hubo nada que hablar sobre los logros de las mujeres que vinieron de muy lejos de Europa. Además, desde el siglo XVI hasta el siglo XIX, el encaje de artesanía fue una gran industria. Especialmente en Paraguay las mujeres apoyaron su reconstrucción, que fue un tremendo sacrificio en la guerra de la Triple Alianza; "La mano de obra de las mujeres salvó su patria".

Espero que este modesto libro sea un catalizador para conocer el valor del patrimonio histórico y cultural del Ñandutí y la existencia de mujeres anónimas que lo crearon.

I knew two mysterious things in Paraguay, South America: a lace and a spider.

The Ñandutí is a lace using the sewing needle, which meaning is cloth of spider in guaraní, because each motif is circular like a spiderweb connecting to each other. It was known as a traditional lace that was transmitted by the Guaraní tribe.

The spider, also called Ñandutí, is the only spider in the world that has the particularity living thing in a group, as in society, and makes spiderweb simultaneously all night joining together.

In Paraguay where I lived three years since 1997 with my two children of elementary school, for reasons of my husband's work. There, the legend of the Ñandutí lace was generally known about the relationship with the spider

At that time, it coincided that at the invitation of a spider researcher, the team of NHK (Japan Broadcasting Cooperation) traveled to Paraguay to carry out an interview about the Ñandutí lace and the spider, however finally the relationship between them could not be found. and it was never transmitted as a program; This clearly woke up "unconsciously" my interest until today.

What I first became interested in Ñandutí was that each motif had a name, and even though it was a lace, looked like embroidery. This was decisive to make ñandutí because I felt something beyond what the Guarani says transmitted the Ñandutí. It was too much delicacy of the ancient white lace of Ñandutí seen in a small museum on the edge of the city of Asunción

After Paraguay, I stayed with husband for his work in Mexico, Brazil, and Colombia while studying the relationship between the origins of Ñandutí and the spiders, I continued to make the Ñandutí having inspiration by visited countries, now I am sure that Ñandutí is the new technique of Needle point lace in the 21th century, developing of the Italian and Spanish lace, and I am convinced that it was produced in Paraguay originally by the presence of the Ñandutí spider.

There are many World Heritage sites in Latin America that are related to Christianity. However, during the Great Navigation, there was nothing to talk about the achievements of the women who came from far away from Europe. In addition, from the 16th century to the 19th century, the craft lace was a great industry. Especially in Paraguay the women supported the reconstruction, which was a tremendous sacrifice in the Tripartite war; "Women's labor saved their homeland."

I hope that this modest book gives an opportunity to know the value of Ñandutí lace as a historical inheritance and services of anonymous women.

レースの系譜

　私たちが知っているレース編みは、欧米では"クロッシェ"と呼ばれ、かぎ針で作るものです。しかし本来レースと考えられるものは、縫い針を使う"ニードルポイントレース"、ボビンを使う"ボビンレース"、厳密にはレースではありませんが、ネットに刺繍する"ネットレース"に分類されます。
　ニャンドゥティは、ニードルポイントレースの新しい技法であると考えられます。

Genealogía del encaje

　El encaje que conocemos hoy en día se hace con un ganchillo y se llama "Croche" en la mayoria de los países, Sin embargo originalmente el tejido de encaje tiene tres grupos: el primero es el encaje con aguja, el segundo usa los bobinas y el tercero es el encaje de red, aunque no se considera estrictamente como encaje. Pienso que el encaje de "el Ñandutí" es una nueva técnica del encaje con aguja.

Lace Genealogy

　The lace we know today is made with crochet. Indeed, it is called Crochet in many countries. However originally lace consists of three groups: the first is needlepoint lace, the second is bobbin lace and the third is net lace, although the latter is not strictly considered to be lace. I believe that the Ñandutí lace is a new needlepoint lace technique.

■ニードルポイントレース　Encaje con aguja / Needlepoint lace

　ニードルポイントレースには、「カットワーク」「ドロンワーク」「レティチェラ」「プント・イン・アリア」という種類があります。「ニャンドゥティ」は、その新しい技法だと考えられます。

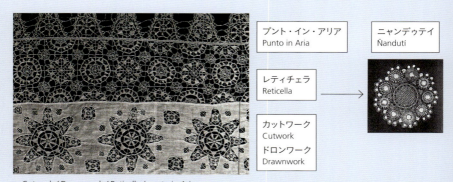

Cutwork / Drawnwork / Reticella / punto in Aria
＊『レースの歴史とデザイン』(財)日本繊維意匠センター(1962年)

ボビンレース
Encaje de Bobina / Bobbin Lace

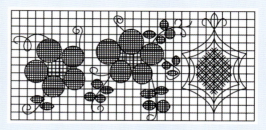

ネットレース
Encaje de red / Net Lace

ニードルポイントレースの系図
Pedigrí del encaje con aguja / Pedigree of Needlepoint Lace

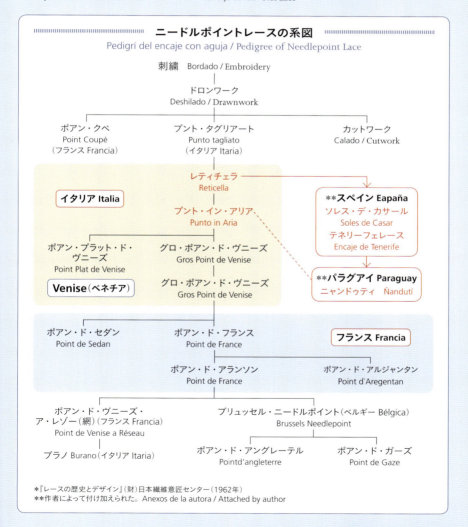

*『レースの歴史とデザイン』(財)日本繊維意匠センター(1962年)
**作者によって付け加えられた。Anexos de la autora / Attached by author

Secreto de Ñandutí　9

目次 ✤ Índice

はじめに……4

レースの系譜……8

パラグアイレース・ニャンドゥティの背景
Los antecedentes del encaje "Ñandutí" / Precedent of the Lace "Ñandutí"……13

I. ニャンドゥティとは
La introducción / Introduction……14

II. ニャンドゥティが生まれた国、パラグアイの歴史
La historia de Paraguay / History of Paraguay……18

III. ニャンドゥティ伝説
La leyenda del Ñandutí / The Legend of Ñandutí……22

IV. ニャンドゥティ蜘蛛
Las Arañas "Ñandutí" / Ñandutí Spiders……24

V. ニャンドゥティの作り方
¿Cómo se hace el encaje del Ñandutí? / How to Make Ñandutí……26

VI. ニャンドゥティの研究書
El libro de Investigación sobrel el Ñandutí / Research Book of Ñandutí……30

VII. テネリーフェレース
El encaje de Tenerife / Tenerife Lace……34

VIII. レースの歴史におけるニャンドゥティ
El Ñandutí en la historia del encaje / Ñandutí's Place in the History of Lace……42

IX. スペインのレースとニャンドゥティ
El encaje de España y el Ñandutí / Spanish Lace and Ñandutí……48

ニャンドゥティの秘密
El secreto de "El Ñandutí" / The Secrets of "Nandutí"……57

I. 新大陸の植民地化
La Colonización de América / Colonization of America……58

II. イエズス会
La Companía de Jesús / The Society of Jesus……60

III. フランシスコ会
El orden de San Francisco / Franciscans……64

IV. "ニャンドゥティ伝説"の秘密
El Secreto de la leyenda de "El Ñandutí" / The Secrets of the Legend of Ñandutí……68

V. モチーフの秘密
El Secreto de los motivos de "El Ñandutí" / Secret of the Motifs of Ñandutí……72

VI. ニャンドゥティとは……
¿Que sea el Ñandutí ? / What is Ñandutí ?……76

おわりに……80

文献目録　Bibliografía / Bibliography……81

私がニャンドゥティと共に歩んできた道：作品集
Mi andar con el Ñandutí; mis recreaciónes / My Road with Ñandutí; My Recreations……83

付録
マスターコース（ニャンドゥティ教師を目指す方）の課題作品「四季」の作り方
Obra: "Las cuatro estaciones".
Pautas, último nivel: profecional para elaborar el Ñandutí
Work: "The four seasons."
Guideline, last level: profecional to elaborate the Ñandutí……102

パラグアイレース・ニャンドゥティの背景

Los antecedentes del encaje "Ñandutí"
Precedent of the Lace "Ñandutí"

I. ニャンドゥティとは

『ニャンドゥティ』

華麗な金銀細工、蜘蛛の綾
か細い糸に捕らわれた雫
繊細な縦糸は、光の束である太陽を
熱でその中心にとどめおくようだ
華麗な金銀細工、孤独な平原や山の中
物静かな指先で
そのもろい毛細管のような糸が
中心に向かって編まれていく
果実や、天空や、動物など
人の営みが、細く空気のように軽やかな線に残されている
太陽なる母と乳母の大地が、
その満たされた糸の間に息づき脈打っている

ホセ・アントニオ・ビルバオ (1919-1998)
室澤富美香訳

　この詩は、パラグアイに伝わる"ニャンドゥティ"と呼ばれる伝統的なレースについて詠まれたものです。
　ニャンドゥティは原住民グァラニー族が作り上げたと伝えられており、グァラニー語で"蜘蛛の布"という意味を持っています。その名前が示す通り、まるで蜘蛛の巣を繋ぎ合わせたように見えるレースには、蜘蛛との結びつきを伝えた"ニャンドゥティ伝説"が語り継がれています。
　グァラニー語はスペイン人が到着する前に周辺を支配していた部族の言葉で、

1992年の法令よりパラグアイの公用語となり、92%のパラグアイ人が話しています。特に地方で話されていますが、習得レベル並びに語彙力は人によって違います。パラグアイ人の多くはグァラニー族の子孫であるため、ニャンドゥティを祖先によって伝えられたレースとして誇りに思っています。

　最近では、ニャンドゥティはパラグアイのカラフルな伝統的衣装として知られてきており、また日本ではパラグアイハープの衣装として人気があり、その価値に新しく焦点が当たってきています。しかし、高級なものは細い糸を使って作るため非常に時間がかかり、さらに手先の器用さと根気強さが必要なので担い手の女性たちは減っています。

　私がこのレースに興味を持ったきっかけは、息子たちが日本人学校から持ち帰った資料を見たとき、レースとして一般的なクロッシェ（カギ棒編み）はモチーフに名前がないのに、ニャンドゥティのモチーフのデザインには、それぞれ名前が付けられていることを不思議に思ったからでした。

　そして、町外れの個人所有の小さな美術館「ムセオ・デ・バロ」に飾られたレースに出会えたことが、ニャンドゥティの起源を追い求める決定的な出来事でした。

　そこに飾られた百年以上前の古く繊細で華麗なレースの美しさは筆舌に尽くしがたく、その神秘的な世界に引き込まれてしまったのかもしれません。

Introducción
Ñandutí

Filigrana sutil, tela de araña,
rocío prisionero en tenues hilos,
urdimbre fina que el calor restaña
del sol, retenes de la luz pabilos
Filigrana sutil, dedos tranquilos
en soledad de llano y montaña
Tu frágil estructura de capítulos
tejiendo van con plenitud de entraña
museo de barro siglo xix
frutales, cielos, zoologías plenas.
su historia deja en el trazo breve,

alado casi,como el aire leve.
Vive y palpita entre tus hebras llenas,
 tierra de sol madre y nodriza.

José Antonio Bilbao (Paraguayo)
(1919-1998)

 Este poema fue inspirado en el encaje tradicional que llaman Ñandutí enseñado y transmitido en el Paraguay. Se dice que el Ñandutí fue confeccionado por una tribu nativa guaraní, cuya voz significaba "tejido o tela de araña" en idioma guaraní. Este encaje tiene una forma extraña, como si se uniesen nidos de araña, además hay varios diseños de motivos diferentes y cada uno tiene su propio nombre.

 El "guaraní" había dominado como lengua en esa zona, donde hoy en día está Paraguay, antes de la llegada de los españoles. Actualmente es la lengua oficial del Paraguay, desde la Constitución de 1992 y es hablada por el 92% de los paraguayos, aunque predomina en el ámbito rural, siendo variable el grado de pureza y de riqueza del léxico.

 Muchos paraguayos son descendientes de los guaraníes y se sienten orgullosos del Ñandutí; arte de encaje transmitido por sus antepasados. Sin embargo, hoy en día está disminuyendo el número de tejedoras porque para el encaje de alta calidad se usa un hilo muy fino y lleva mucho tiempo hacerlo, además se requiere de habilidad y de paciencia. El Ñanduti se conoce como vestido tradicional colorido del Paraguay, en Japón como el vestido del toque del arpa paraguaya, que está recuperando su valor nuevamente.

 La razón por la que me interesó este encaje es por el ganchillo general (punto clave); como encaje no tiene nombre en el motivo, pero el diseño del motivo del encaje Ñandutí lleva un nombre cada uno, lo que me llamó mucho la atención.

 Al dar con los encajes exhibidos en el pequeño museo privado, "El museo de barro", ubicado en una orilla de la ciuda de Asunción, me sentí movida a buscar el origen del Ñandutí. No tenía palabras para expresar la belleza, la fineza y la esplendidez de los ñandutís antiguos, y me sentí atraída por este mundo misterioso.

Introduction
Ñandutí

Gorgeous work of gold and silver, Spiders' stitches
Dewdrops caught on slender thread
Fine-spun warp threads seem to hold the
the sun, on their center with heat.
Gorgeous work of gold and silver, in lonely plains or up in mountains
Threads like fragile capillaries are woven toward the center by quiet fingertips.

Daily life of man such as fruit, empyrean, animals,
are described with slender airy-fairy lines.
Mother, the sun and nursing mother, the Earth
are breathing and beating among those fulfilled threads

José Antonio Bilbao (Paraguayan)
(1919-1998)

 This poem was written about the lace called Ñandutí which was taught and born in Paraguay, It was said that Ñandutí was made by a native tribe, the Guarani, and means "a piece of cloth woven by spiders" in the Guarani language. It is a mysterious lace that looks as though it were connected by spider silk, just as its name describes. There are various designs for web motifs, each with its own traditional name.
 The Guarani language was dominant in this region before the arrival of Spanish settlers, and was designated as one of the official languages of Paraguay by the constitution of 1992. Actually the Guarani language is spoken by 92% of Paraguayans, and is predominant in rural areas according to lexical and language purity level.
 Beings descendants of the tribe of native Guarani, Paraguayans take great pride in Ñandutí lace as art passed down from their ancestors. However, the number of women practicing this craft has decreased, in part because high quality lace is used with very thin threads taking a long time to finish, and requiring skill and patience more than anything. Like traditional colorful garb, the Ñandutí lace has been rediscovered, revealing its value again.
 The reason why I was interested in this lace is that the general crochet as a lace has no name in the motif, but each of the designs of Ñandutí lace motif have their own unique names. It found this most curious.
 When I saw an exhibition of Ñandutí lace in the small private museum Museo de Barro located on the outskirts of town, I decided to look for the origin of Ñandutí, because didn't have any words to describe the beauty, delicacy and magnificence of antique Ñandutí lace. I felt attracted to this mysterious world.

II. ニャンドゥティが生まれた国、パラグアイの歴史

　ニャンドゥティが生まれたのは、南米・パラグアイだといわれています。
　パラグアイは南アメリカのほぼ中心に位置し、面積は日本より少し広く、人口は685万人、公用語はスペイン語で、日本人移住者および日系人が1万人ほど住んでいます。首都のアスンシオンは、日本から飛行機で30時間ほど。パラグアイ川の流域で亜熱帯性の木々に囲まれており、"緑の都市"という表現がぴったりです。
　1492年──日本では戦国時代が始まった頃、スペインの援助を受けたコロンブスが、インドを目指し、従来の東回り航路ではなく西回り航路でアメリカ大陸を発見しました。
　この大航海時代、富を求めて南北アメリカに進出したヨーロッパ人の黄金探しに拍車をかけたのは、ヨーロッパ人の間に広まった黄金郷伝説（エル・ドラード）です。
　実際は、現在のコロンビアの先住民で、太陽信仰を持つムイスカ族の新しい首長が、即位の際に、毎朝体に金粉をまぶし、毎晩その黄金を聖なる湖で洗い流した儀礼から生まれました。

バルサ・ムイスカ
（PROCOLOMBIA提供）
La Balsa Muisca / The Muisca Raft

16世紀後半、征服者であるスペイン人ソリスが殺され、部下がスペインに戻ろうとしたとき、パラナ川で船が沈没します。その時、西方に金銀豊な谷が存在する情報を得ます。それを根拠にパラグアイ川とパラナ川の分岐点にアスンシオンの町が建設され、インカ帝国を目指す拠点とされました。

　アスンシオンという名は、8月15日がキリスト教の祝日「ヌエストラ・セニョーラ・サンタ・マリア・デ・アスンシオン」の日であったことから名付けられました。しかもこの地は温厚なガラニー族の支配地で、肥沃で食糧が豊富な環境にありました。

　多くのパラグアイ人はグァラニー族の血を引いていることもあり、忍耐強く手先が器用です。ニャンドゥティの他にも「アオポイ」（刺繍）や「エンカヘジュ」（ネットレース）などの手芸品が豊富に作られています。

　パラグアイは、19世紀のブラジル、ウルグアイ、アルゼンチンとの三国同盟戦争によって、50%から85%の成人男性が戦死し、男女比が1対7になったといわれています。その窮状を救ったのは、パラグアイの女性たちでした。前述した繊細な手芸品を製品化して輸出し、外貨を稼いで国の復興を支えてきたというのです。

　ニャンドゥティのように根気のいる繊細なレースが作り伝えられてきた背景には、シャイで忍耐強いパラグアイ人の性格があればこそだと言えるのではないでしょうか。

典型的なパラグアイの衣装
Estilo típico paraguayo /
Typical Paraguayan-style Dress
*PLA Josefina, GONZALEZ Gustavo,
"PARAGUAY el Ñandutí", cuaderno de divulgación, museo paraguayo de arte contemporáneo,1983

II. La historia de Paraguay

Paraguay se ubica en la parte central de América del Sur, su superficie es un poco mayor a la del Japón, 406.752km2, tiene 6 millones 580 mil de habitantes y sus idiomas oficiales son el español y el guaraní. En él viven diez mil Nikkei (descendentes japonéses) y emigrantes japonéses. Su capital, Asunción, es una ciudad en medio de verdes bosques tropicales y se llega al cabo de más de treinta horas de vuelo desde Japón.

Estando el Japón en la "Epoca de guerra", Cristóbal Colón descubrió al continente americano. A partir de entonces, los europeos llegarían a Oriente por la ruta del poniente y ya no por la que les era habitual, creyendo haber llegado a la India, los conquistadores exploraron las selvas del Nuevo Mundo para buscar fortuna.

En Colombia, los pueblos muiscas tenían un mito; cuando un jefe Muisca moría se daba inicio a un proceso de sucesión. "El Drado", no era realmente un lugar, sino un gobernante tan rico, que supuestamente se bañaba en oro de pies a cabeza cada mañana y se lavaba todas las noches en un lago sagrada. Esta leyenda despertó la ambición de los europeos y con ellos una búsqueda violenta de fortuna en el Nuevo Mundo.

En la segunda mitad del siglo XVI, cuando el español Solís fue asesinado, sus subordinados de regreso en España, el barco se hundió, se habían oído hablar del "Cerro de Plata" en dirección del poniente, donde yacía una fortuna de metales y donde habían vivido los guaraníes. Mediante esa información, el español Juan de Zalazar y Espinoza fundó Asunción, la ciudad principal de Paraguay, luego de cruzar los ríos Paraguay y Paraná con destino a la conquista del imperio Inca en pos de aquella fortuna.

El nombre de Asunción le fue dado por Juan Zalazar de Espinoza un 15 de agosto del año de 1537, día de la fiesta de Nuestra Señora Santa María de Asunción. Era esa la región de los indios guaraníes de manso carácter. La tierra era muy fértil, rica en alimentos y el ambiente era muy agradable y próspero. Muchos paraguayos son de sangre guaraní y tienen talento para las artes manuales, por eso hay tejidos diversos: el Ñandutí; el Ao po'i (ropa fina y bordado), el Encaje ju (encaje de red).

En el siglo XIX murieron muchos hombres a consecuencia de la guerra contra la Triple Alianza; (Brasil, Argentina y Uruguay), se estima que murieron desde 50% hasta 85% de hombres adultos, quedaron mayoritariamente mujeres y niños. Desde entonces data la idea de que había un hombre por cada siete mujeres. Estas últimas se pusieron a trabajar para reconstruir el país entre otras actividades, elaborando tejidos artesanales que vendieron para obtener dinero "extra". Las mujeres contribuyeron mucho al restablecimiento del país; pienso que el carácter del paraguayo es muy tímido a la vez que paciente, lo cual ayuda a transmitir el Ñandutí como mano de obra de un encaje fino.

II. History of Paraguay

Paraguay located in the central part of South America. Its territory is slightly larger than Japan, it has 6.8 million inhabitants, and its official languages are Spanish and Guarani. There are roughly 10,000 Nikkei (people of Japanese descent) and japanes emigrants. The capital, Asunción, is more than a thirty-hour flight from Japan, and the city is enclosed by tropical woodland.

When Japan was in the Warring States period, Christopher Colombus discovered continental America. So it was that Europeans had arrived at the eastern shores by sailing west, believing they had arrived at India. Conquerors came exploring, to look for fortune in the forests of the New World.

The legend of El Dorado, which served as a stimulus for a European treasure hunt in New America, came from the enthronement ceremony of the Muisca tribe in Colombia. The new chief Would put gold makeup on his body every morning and wash every evening in the holy lake in tribute, just like the golden man "El Dorado"

Halfway through the sixteenth century, the Spanish conquistador Sólís was killed, and when his subordinates tried to return to Spain, their boat sank. They heard about Silver Hill to the west, where there were metal fortunes in Guarani territory. With that information, Spain founded Asuncion which then became the main city for crossing the rivers Paraguay and Paraná to conquer the Incan empire in pursuit of their fortune. Asunción was given for that name because of the festival of Nuestra Señora Santa Maria de Asunciónheld on the 15th of August. This zone was the territory of Guarani tribe, known for their meek and gentle character. Their land was very fertile and rich, with a highly comfortable climate.

Many Paraguayans have Guarani blood and have inherited their craftsmanship. This is the reason for the existence of so much folk art – Ñanduti, Ao po'i (embroidery), Encajeju (net lace), and so forth.

In the 19th century, some 50% to 85% of the population died in the War of the Triple Alliancefought against Brazil, Argentina and Uruguay. Only one man survived for every seven women. The women had to make folk-art articles which were then sold for foreign currency. I think that the character of the Paraguayan people is very shy and patient, which helped to transmit delicate lace like Ñandutí.

III. ニャンドゥティ伝説

ガラニー族の踊り
Danza del tribu guaraní / Dance of the Guaraní tribe
＊PLA Josefina, GONZALEZ Gustavo,"PARAGUAY el Ñandutí",
cuaderno de divulgación, museo paraguayo de arte
contemporáneo,1983

パラグアイには、伝統的な手芸品であるニャンドゥティの誕生に関して、何代にもわたって語り継がれている伝説がいくつか存在します。その中で一番広く知られているのが、グァラニー族の酋長の息子と結婚の約束をしていた娘のお話です。

　酋長の息子は、娘への結婚の贈り物とするために、虎の皮を狩りに出かけました。しかし、原野でツタが体に絡まってしまって前へ進むことができず、結局、木の根元で一晩明かすことにしました。しかしそれっきり、息子は再び村に戻ってきませんでした。

　数年が経ち、息子と同じ村の人間が原野に出かけ、大きな木の根元に人間の骨を見つけました。その傍らには、虎の皮と弓矢が――。それはあの帰らぬ息子のものでした。そして、その遺骨の周囲には、美しい蜘蛛の巣が張られていました。まるで蜘蛛たちが、死んだ息子を喜ばせようと死装束で包み込んでいるかのように。

　恋人を失った悲しみを決して忘れることができなかった娘は、その蜘蛛に嫉妬し、恋人の亡骸が美しい蜘蛛の巣で包まれることに耐えられませんでした。娘は森にこもって蜘蛛が張る巣の秘密を学び、ついに、自分で織り上げた布地によって若者の遺骨を包んだといいます。

　それから、このレースを「ニャンドゥティ」、つまり「ニャンドゥ＝蜘蛛」「ティ＝布、織物」と呼ぶのだそうです。

III. La leyenda de Ñanduti

Hay algunas leyendas que se transmitieron de generación en generación acerca del origen del Ñandutí como artesanía nativa del Paraguay.

La más conocida cuenta la historia: de una muchacha guaraní que estaba comprometida en matrimonio con el hijo de un cacique. El joven, deseando enriquecer los regalos de su novia con una piel de "Jaquareté" (tigre), salió un día a cazar. Sorprendido por la selva, quedó atrapado entre algunos "Ysypó" (lianas) y no se pudo desatar y pasó la noche en un tronco de árbol. Como no estaba bien dispuesto para acampar así, durmió en aquella hamaca improvisada y nunca más volvió al pueblo.

Años después un cazador de la misma tribu, estando bajo un árbol inmenso, se topó con un esqueleto humano al lado de los restos de la piel de tigre y allí estaban el arco, las flechas y otros objetos que había pertenecido al hijo de cacique. Las arañas habían unido los huesos del mancebo. Como si se hubieran propuesto darle una mortaja digna a quien muriera por anhelo de agradar a su amada, había un tejido; una trama finísima que lo envolvía.

Enlutada sin hallar consuelo, la novia sintió celos de las arañas artistas cuando contempló la urdimbre espléndida por ellas tejida. No toleraba el pensamiento de que otro se hubiesen ocupado de proteger los restos de su prometido. Durante mucho tiempo pasó sus días sumergida en la floresta, tratando de aprender el arte de su amado, así, éste fue llamado "Ñandutí"; "Ñandu" significa "araña" y "tí", el tejido o la tela.

III. The Legend of Ñandutí

There are several legends about Ñandutí in Paraguay. Among those legends the following one is well known.

A young man, a son of the chief of tribe guaraní, was engaged to a young girl. He went out hunting in the woods to obtain a tiger skin to give as a wedding gift, but he got entwined in ivy and vines in the wilderness, and couldn't go any farther. He decided to stay overnight at the foot of a tree. However, the young man never returned to the village.

Several years had passed when a man from the same village as the missing young man found the remains of a man at the base of a big tree. Beside him were a tiger skin, a bow and arrows. It turned out that the remains were that missing young man's, and the spiders had covered him up with their cobwebs. It looked as if the spiders had tucked the deceased lover in a costume for the dead to please him. The young girl who had lost her fiancé could never overcome her sorrow, and she felt jealous of the spiders. She went into the forest and stayed there to learn the secret of the cobwebs that the spiders had woven. Finally, she could cover the remains of her fiancé in the cloth she herself had woven. Thus this lace came to be called Ñandutí—that is, "Ñandu" which means spider, and "ti" which means cloth.

IV. ニャンドゥティ蜘蛛

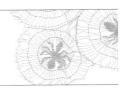

　パラグアイには、世界でブラジル、アルゼンチン、ボリビアの一部にしか存在しないといわれている蜘蛛、学名コガネクモ科オニグモ属（Parawixia bistriata）別名「ニャンドゥティクモ」が生息しています。

　一般的に蜘蛛の生態は、一匹で巣を張って生活する習性を持っていますが、この蜘蛛の非常に珍しい特徴は、集団を作って生活する点です。しかも何百匹という蜘蛛が一晩かけて同時に蜘蛛の巣を張り、それらがすべて繋がっていてまるで一枚の布のようになります。

　ニャンドゥティ蜘蛛に詳しい日本蜘蛛学会の加藤輝代子先生によると、世界で知られている3万3千種の蜘蛛の中でも、集団で、連なった円網を張る生態を持つ珍しい蜘蛛だそうです。

ニャンドゥティクモの生態
（加藤輝代子先生直筆）
La ecología de la araña Nyandu /
The ecology of the Ñandutí Spider

　このニャンドゥティ蜘蛛は、7回の脱皮を繰り返して成虫になりますが、とりわけ数ミリの幼虫時は、本当に繊細で、朝露を浴びて光り輝く様は天使のベールと形容できるほど美しいものです。成虫になるとそのサイズは2〜3センチになって（ちょっと不気味ですが）、新聞紙大の大きさの巣を張るそうですが、それが繋がると数十メートルまで及ぶほど広範囲にわたることになるそうです。

　このニャンドゥティ蜘蛛の巣の形態に倣って、グァラニー族がこのレースを作り上げた——そんな言い伝えがあるのも、その巣の美しさに触れれば頷けます。

密集して生活している
(加藤輝代子先生撮影)
Viviendo densamente / Living densely

IV. Las Arañas "Ñanduti"

En el Paraguay vive una especie de arañas que sólo existe en determinadas zonas del Brasil, Argentina y Bolivia. Su nombre científico es "Parawixia Bistriata", comunmente llamada arañas "Ñandutí", estas tienen la particularidad de vivir en grupo, como en sociedad. Varios cientos de ellas hacen nidos a un mismo tiempo pasan en ello toda la noche, unidas entre sí, los nidos semejan una tela grande.

La Profesora Kiyoko Kato, investigadora de arañas Ñandutí, miembro de Asociación de arañas del Japón, dice que se trata de la araña extraña, entre 33,000 especies que hay en el mundo, capaz de unir sus nidos entre sí. El Ñandutí se transforma siete veces. Especialmente el nido de bebé es muy fino, brilla a la luz de la mañana y semeja el ropaje de un ángel. Los adultos son generalmente de 2 cm o 3 cm, sus redes son de tamaño de periódico y cubren un área de decenas de metros o más cuadrados.

Su existencia es el testimonio de la leyenda que los guaraníes transmitieron el Ñandutí.

IV. Ñandutí Spiders

A species of spider, Paraguayan Victriata by its academic name, is otherwise known as the Ñanduti spider by inhabitants of Paraguay. This spider is said to live only in several places in Paraguay, Brazil, Argentina and Bolivia. Ñanduti spiders are very unusual in that they live in groups.

Professor Kiyoko Kato, a Japanese researcher of spiders and member of the Arachnology Organization of Japan, said that this spider is strange among 33,000 species in the world. Scores of the spiders weave webs overnight, all of which are connected like a sheet of cloth that sometimes covers as large an area as several square meters. This spider sheds its skin seven times. The webs of the larva are very delicate, and shine in the morning like dewdrops. They are very beautiful in that they look like a wedding veil. The adults are generally 2cm or 3cm. Their webs are of newspaper size, and cover an area as large as tens of square meters or more. The existence of this spider is evidence of the legend that the Guarani tribe created Ñandutí lace.

V. ニャンドゥティの作り方

　私がニャンドゥティのレース作りを始めるきっかけになったのは、アメリカ大使館で唯一、一冊だけ所蔵されていた、1983年に出版された『Paraguay：Land of lace and legend』を手に入れたからでした。

　この本の初版は1958年で、パラグアイ在住のアメリカン人女性組織によって作成された本です。内容はパラグアイのガイド本ですが、そこにはグァラニー語、スペイン語、英語に翻訳されたニャンドゥティの60種類のモチーフが白黒画像で掲載されていました。

　花の名前、動物の部位、鳥などのモチーフが大半で、自然観察に長けたグァラニー族の影響を窺い知ることができます。また、"祭壇の先頭" "キリストの奇跡" という宗教的なモチーフや、"小さなランプ" "小さなクラッカー" "子どもさらいの伝説" というモチーフまであり、実生活から生まれてきたことがわかります。

戸外でニャンドゥティを作るパラグアイ女性
Una mujer tejiendo el Ñandutí /
Women weaving the Ñandutí
＊PLA Josefina, GONZALEZ Gustavo, "PARAGUAY el Ñandutí", cuaderno de divulgación, museo paraguayo de arte contemporáneo,1983

　パラグアイは亜熱帯性の気候であるために、ニャンドゥティの郷として有名なイタグアの町では、女性たちが戸外でレース作りに励んでいる姿がよく見かけられます。

　縫い針を使って作るニードルポイントレースであるニャンドゥティの制作は、木枠を使います。おそらく、木枠を使って作る中世の刺繍や、ネットレースから、木枠に布地を白亜麻糸で四方を絡めるように取り付ける方法を思いついたのではないかと思います。

基本的には白糸を使いますが、カラフルなレースとして有名になったように、多様に色糸を使い華やかなレース作りがされるようになりました。

　ニャンドゥティは、初めに下絵を布上に描き、その上に直接レースを作っていきます。
　円形や正方形、長方形のモチーフは、それ自身でも繋げることができます。また、デザインによって、"サフランの花" "グァジャバの16個の花" "フィリグラナ（金細工）" などの、繋ぎの働きをするモチーフ（Bride）によって繋げていくことができるので、さまざまな表現が可能です。
　基本の円形のモチーフは、円のサイズや模様によって経糸の本数が決まり、対角状に交互にすくい取って一回りしたら、最後に真ん中でまとめ、あとは放射状に広がった経糸に横糸を結んだり絡めたり織ったりしながら作ります。

古いニャンドゥティ
Antiguo ñandutí / Old Ñandutí
*PLA Josefina, GONZALEZ Gustavo, "PARAGUAY el Ñandutí", cuaderno de divulgación, museo paraguayo de arte contemporáneo, 1983

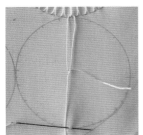 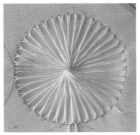 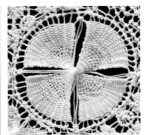

Proceso de hacer el motivo del Ñandutí / Process of weave a motif of the Ñandutñi

　他のモチーフも同じ布状に作っていき、それぞれのモチーフをお互いに引っ掛けながら繋げていき、最後に裏から布地を切り抜き、レースを布地から外し

て出来上がりです。

レース全体は以下の写真のような制作過程になります。

V. ¿Cómo se hace el encaje del Ñandutí?

Mi motivación para comenzar a hacer el Ñandutí fue el último libro "Paraguay Land of lace and legend", publicado en 1983 the organizatio of American woman living in Paraguay. La primera edición de este libro fue en 1958, editaba por el clube de Mujeres Americanas del Paraguay. Su contenido fue una guía en el Paraguay, en el cual hay 60 motivos diferentes que fueron traducidos al guaraní, español e inglés.

La mayoría de los motivos tenía los nombres de las plantas, la parte corporal de animales y pájaros, además se observa la influencia de los guaraníes quienes conocían muy bien la naturaleza. Tambièn hay nombres del milagro de la cruz, cabeza de nicho, chipa dulce y de la leyenda que cuenta del robo de niños; entre otras, que nacieron de la vida cotidiana.

En Itagua, tierra del Ñandutí en el Paraguay, es común ver a las mujeres tejiendo el Ñandutí al aire libre, por ser un territorio tropical.

El Ñandutí es un encaje con aguja, que usa un bastidor cuadrado de madera, se le ata al lienzo atando los bordes con el hilo. Supongo que la idea procedió del bastidor antiguo para el bordado y el encaje de red en la Edad Media. Principalmente se usa hilo blanco, sin embargo también es famoso el encaje colorido, que usa varios colores de hilo y cuya expresión es más espléndida.

Para hacer el Ñandutí primero se dibuja el diseño sobre la tela directamente con un lápiz, luego se comienza a tejer. Los motivos redondos, cuadrados y rectángulares, pueden unirse entre sí, también por los motivos de unirse que son el flor de azafrán, 16 flores de guayabo y filigrana, con los cuales es posible expresar varios diseños.

El principal motivo redondo se teje unos milímetros de ancho, luego se hace lo mismo en diagonal. Así se repite uno tras otro, rodeando el círculo, al final se ata en el centro y luego atando,zurciendo los urdimbres. Todos motivos se unen sobre la misma tela conectándolos, engachándo los unos con los otros, al terminar se saca de la tela.

El proceso de hacer el ñandutí es el siguiente:

V. How to Make Ñandutí

My motivation to start weaving the Ñanduti was that I obtained the book "Paraguay: Land of Lace and Legend" published in 1983 at the embassy of United States. The first edition of this book was published in 1958 and edited by the American Women's Club of Paraguay. Its content was a general guidebook of Paraguay, and within were recorded 60 names of different motifs translated into Guaraní, Spanish and English.

Most of the motifs have names of plants, parts of animals, and birds, in which was observed the influence of the Guarani tribe with their impressive knowledge of nature. There are also religious motifs of the Miracle of the Cross and the head of an altar, as well as motifs depicting a legend which tells about the kidnapping of children, and small crackers and other objects from daily life.

In Itagua, land of the Ñandutí in Paraguay, it is common to see women weaving Ñandutí in the open air, typical for a tropical territory.

Ñandutí lace is needlepoint lace which uses a wooden frame. You set a piece of cloth and whip it by binding its edges with the thread. I think this idea came from an old frame of embroidery or netting lace from the Middle Ages. Mainly, white thread is used, but colorful lace using several colors of thread also became famous, and this expression is more extravagant and splendid.

To make the Ñandutí, first the design is drawn on the canvas directly with a pencil—then the weaver begins to weave. The round, square and rectangular motifs can be joined together, also for the bride's motif (connecting) of a saffron flower, sixteen guava flowers and filigree, making it possible to express several designs.

The motif circle is woven a few millimeters wide, then the same is done diagonally. This is repeated one after the other, circling the circle, and at the end is tied in the center, with the warps also tied. All motifs come together on the same fabric connecting them, engaging with each other, and when finished it is removed from the fabric.

The process of making the Ñandutí is depicted in the following photographs.

VI. ニャンドゥティの研究書

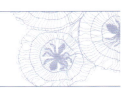

Copia del document el Ñanfutí /
Copy of the document el Ñandutí
*PLA Josefina, GONZALEZ Gustavo, "PARAGUAY el Ñandutí", cuaderno de divulgación, museo paraguayo de arte contemporáneo,1983

ニャンドゥティは、パラグアイ人であれば誰でも知っているレースですが、意外にも現地では、グァラニー族が伝えた民芸品だと思っている人が多く、その起源については、私が滞在した1998年当時、一般的にはあまり知られていませんでした。実際、文献を調べてみても、私がアスンシオン大学の図書館で見つけた、パラグアイの最高文筆家の一人で画家でもあったホセフィナ・プラと、外科医で文化人類学者、民俗学者のグスタボ・ゴンザレスが執筆した二つの論文が存在するだけでした。

ホセフィナ・プラは、16世紀スペイン人がこの地に上陸したとき、インディオが粗末な布切れを身につけただけで裸同然だったことや、17世紀以降、新大陸の植民地化によって女性による針仕事がもたらされたこと、さらに、ニャンドゥティレースとカトリック宣教師たちの活動の間に深い関わりがあったと考えられることなどから、グァラニー族が伝えたものではないと断言しています。また、彼女自身がスペインのカナリヤ諸島出身だったことから、ニャンドゥティの起源は、後述するテネリーフェレースにあるとしています。

他方、グスタボ・ゴンザレスは、歴史的な資料からニャンドゥティの起源を考察していますが、彼はまず、1550年にスペインのサナブリア（Sanabria）の女性遠征隊によって植民地社会に針や糸巻棒がもたらされ、手芸が始まったの

ではないかと推測しています。

　また、彼によれば、宣教師アントニオ・ルイス・デ・モントヤが1640年に編集したグァラニー語の辞書の中では、ニャンドゥティはハエトリ蜘蛛（alguacil de las moscas）及び"布"と訳されており、当時すでにニャンドゥティが作られていたことは明らかだとしています。辞書には、ニャンドゥ＝蜘蛛、ニャンドゥキャヴァ＝蜘蛛の布・ハンモック・蜘蛛の寝床、ニャンディーイビィークアラ＝蜘蛛によって覆われ打ち捨てられた土地、などの単語も掲載されています。

綿糸を使って服のディティール　イタグア　19世紀
カルロス・コロンビアーナコレクション
Detalla de vestido realizado en hilo de algodón, Itaguá, siglo XIX, Colección "Carlos Colombiano" /
Detail of cloth whit otton thread, Itagua, 19th century, Carlos Colombiano Collection.
*PLA Josefina, GONZALEZ Gustavo, "PARAGUAY el Ñandutí", cuaderno de divulgación, museo paraguayo de arte contemporáneo, 1983

　最初の歴史的な記録としては、スコットランドの商人だったJ.Pロバートソンが執筆した『パラグアイでの手紙』（Letters on Paraguay・1838年）の中に、ニャンドゥティが登場します。彼は、フアナ・デ・エキベル夫人がアスンシオン近くの町タプア・ミの彼女の別荘で、美しく高価なレース、ニャンドゥティを贈られたと記しています。

　他にも、イエズス会宣教師が書簡に残した記述によれば、16世紀後半スペイン人の女性たちは、サラマンカ地方（スペイン）で作られているスペインレース"Soles"（ソレス、太陽）をインディオの女性たちに教えていたそうです。1900年代に入ると、さらに多くの人々がニャンドゥティとスペインレース"Soles"との類似性を指摘していることから、彼もまた、その起源はスペインであると結論づけています。

VI. El libro de investigación sobre "El Ñandutí"

Entre los paraguayos todo el mundo conoce el Ñandutí y creen en la leyenda que cuenta que fue creado por la tribu guaraní. Me encontré sólo dos referencias en ese moment; "PARAGUAY: el ñandutí" en la universidad de Asunción, una es de la Señora Josefina Plá, quien fue una de las mejores escritoras y pintoras del Paraguay. La otra es del doctor. Gustavo González, quien fue médico cirujano, antropólogo y folklorista.

La Señora Plá, en su tesis, sostiene que no puede ser una tradición de los indios, puesto que se hallaban casi desnudos y solo se cubrían con un pedazo de tela. Fue a partir de la colonización hispana que llegó a América, que las mujeres enseñaron el trabajo de los telares a las indígenas y se convirtió en una herramienta de trabajo. Las actividades de misioneros especialmente, le habrían dado una influencia muy fuerte. Ella asegura que el Ñandutí llegó del archipiélgo de las Canarias, posesión de España y que fue ésa, su tierra natal.

Por otro lado, el doctor Gustavo González, cirujano y antropólogo, escribió su tesis por datos históricos. En el año 1550 llegaron a Asunción las mujeres por la expedición de zanabria, entre los cuales cabe suponer, vendrían algunas señoras de rueca y agujas. El padre Antonio Ruiz de Montoya cuando compuso su celebrado Diccionario de la Lengua guaraní (1639-1640), no conocía otro significado de la palabra Ñandutí que el de cierta especie de araña, "el alguacil de las moscas" y el de la tela que elabora. Es evidente que si ya tejían el ñanduti, Montoya lo hubiera consignado en el artículo correspondiente; también aparecen palabras como ñandú: araña; ñandykyháva: tela de araña, hamaca, lecho de araña; ñandyyvy kuára: tierra de cultivo abandonada, pues sus hoyos estaban cubiertos de tela de araña, todas relacionadas con el Ñandutí.

La primera noticia histórica clara es una de las cartas del comerciante escocés J. y P. Robertson publicadas bajo el título "Letters on Paraguay" en 1838. Cuenta el autor que Doña Juana de Esquivel, rica anciana que lo hospedó en su casa de campo de Tapuá-mi, en los lindes de Campo Grande, no lejos de Asunción, le había regalado un encaje llamdo "Ñandutí", tejido por las mujeres del pueblo y famoso por su belleza y alto precio.

Los misioneros escribieron noticias de que las señoras españolas enseñaban a mujeres indígenas el encaje de Salamanca "Soles". En la década de 1900, los escritores mencionaron que el encaje español "Soles" era muy parecido al Ñandutí; al final él concluyó que el Ñandutí era de origen hispano.

VI. Research Book of Ñandutí

It was said recently that lace did not come from the Guarani, but rather that the origin of this lace was in Spain. There are only two theories about Ñandutí that time, one of Gustavo González, the other of Josefina Plá. The latter was one of Paraguay's greatest writers and also a painter. She wrote that the lace had not originated from the indigenous people, judging from following points: when

Spanish people arrived on this land tin 16th century, the indigineous tribes were wearing only coarse cloth, and almost naked. Since colonization started in the 17th century, needlework was brought to the new continent by women, and it is noteworthy that this lace was considered deeply related to the missionary priests' activity. She also asserted that the origin of Ñandutí lace was Tenerife lace, as she herself was from the Canary Islands, belonging to Spain.

On the other hand, Dr. Gustavo González, surgeon and anthropologist, wrote his thesis on historical data. In 1550 the women arrived in Asunción by the Sanabria expedition, among which it is possible to assume, some ladies brought the needles. Father Antonio Ruiz de Montoya when he composed his celebrated Dictionary of the Guaraní Language (1639-1640), did not know another meaning of the word Ñandutí than that of a certain species of spider, "the sheriff of flies" and that of the web that elaborate. It is evident that if they already wove the Ñanduti, Montoya would have consigned it in the corresponding article; words like ñandú also appear: spider; ñandykyháva: spider web, hammock, spider bed; ñandyyvy kuára: abandoned farmland, since its holes were covered with spider web, all related to the Ñandut.

The first clear historical news is one of the letters of the Scottish merchant J. and P. Robertson published under the title "Letters on Paraguay" in 1838. The author tells that Doña Juana de Esquivel, rich old woman who hosted him in her country house Tapuá-mi, on the edge of Campo Grande, not far from Asunción, had given him a lace called "Ñandutí", woven by the women of the town and famous for its beauty and high price. The missionaries wrote news that the Spanish ladies taught indigenous women the lace of Salamanca "Soles." In the 1900s, writers mentioned that the Spanish lace "Soles" was very similar to Ñandutí; In the end he concluded that the Ñandutí was of Hispanic origin.

VII. テネリーフェレース

　テネリーフェは、大西洋に浮かぶスペインのカナリヤ諸島の州都で、アフリカ大陸に近く、海を隔ててモロッコに面しています。スペイン大航海時代には、アメリカ大陸への中継地として非常に重要視されており、ヨーロッパの移民たちはここからアメリカ大陸を目指して大海原に乗り出していきました。

　テネリーフェ歴史人類学博物館の技官で、テネリーフェレースを研究しているファン・デ・クルス・ロドリゲス氏から提供を受けた資料のうち、マドリッド自治大学編集雑誌「NARRIA」18号によると、テネリーフェレースは、針で作るニードルポイントレースの一種で、主に「カラードス・カナリオス」と「デシラード・カナリオス」の二つに大別されます。

　カナリア地方に伝わる透かし刺繡、カラードス・カナリオス（Calados Canarios）は、カッティングレースで、布を巻いたシリンダーの形をしたピロウ（Pirrow）の上で、リネンの布を切り抜いて縁をボタンホールステッチで刺繡し、切り抜いたあとの空白部分は、ニードルポイントレースで埋めていきます。

カラード・カナリア
Calado Canario
*PLA Josefina, GONZALEZ Gustavo, "PARAGUAY el Ñandutí", cuaderno de divulgación, museo paraguayo de arte contemporáneo, 1983

**テネリーフェ歴史人類学博物館の技官
フアン・デ・クルス・ロドリゲス氏からの資料
Los documentos ofrecidos por Sr. Juan de la Cruz Rodríguez, Museo de Historia y Antropología de Tenerife. / Official data from Mr. Juan de la Cruz Rodríguez, Museum of the History and Anthropology of Tenerife.

図柄は、花やブドウなどのフルーツで、色糸も使われます。スペインが起源とされていますが、デザインにバロックの影響が見られるために、ヘナセンサ（ルネッサンス）とも呼ばれます。

　デシラードス・カナリオス（Deshirados Canarios）は、ドロンワークレースで、ベンターナ（ventana・窓）またはフリソ（friso・帯状装飾）と、ロセタまたはソル（sol・太陽）と呼ばれる2種類があります。
　フリソは横糸のみ引き抜いて横長の空間を作り、ベンターナは経糸と横糸を両方引き抜き四角の空間を作り、糸を張ったり結んだりして作ります。

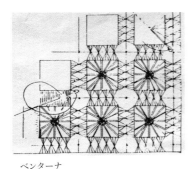

ベンターナ
Ventana / Window
＊GONZALEZ Mena Mª Angeles,RAMOS Muños, M Pilar. "Artes textiles Canarias NARRIA estudio de artes y costumbres populares"18 ISLADE GRAN CANARI: UAM

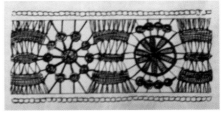

フリソ
friso / Frieze
＊GONZALEZ Mena Mª Angeles,RAMOS Muños, M Pilar. "Artes textiles Canarias NARRIA estudio de artes y costumbres populares"18 ISLADE GRAN CANARI: UAM

　ホセフィナ・プラがニャンドゥティレースの起源としたのは、ロセタあるいはソルと呼ばれるレースだと思われます。
　基本の円形のモチーフは、直径4～8cmの円形のピケと呼ばれる木製か金属製の器具で作ります。ピケは周りにピンが刺してあり、それに糸を対角線状に引っ掛けていき、ニャンドゥティのように作っていき、最後にピンから抜いて一つのモチーフを作り上げます。一般的に縦糸は48本張られます。ピケには、丸い平らな布地を張った円形の枠もあるため、モチーフには円形だけではなく、ピンの位置によって四角や、蛇、貝、バラなどのモチーフもあり、そうしたモチーフを最後に繋げてさまざまなレース製品に仕上げていきます。

ピケ
Pique
＊GONZALEZ Mena Mª Angeles,RAMOS Muños, M Pilar."Artes textiles Canarias NARRIA estudio de artes y costumbres populares"18 ISLADE GRAN CANARI: UAM

白と生成り、青と緑などのコンビネーションでも作られますが、基本的に白のみか白と生成りの組み合わせが一般的です。ロセタは27個の基本モチーフと、モチーフを繋げる8個のモチーフがあり、効率的に分業で作業するためにそれぞれ名前が付けられています。

9個のボタン穴と、32個の丸いボタン穴のモチーフを魚のモチーフで繋げたハンカチ
Motivos: Hueco de botón y pescado /
Motif: Buttonhole and fish
＊GONZALEZ Mena Mª Angeles,RAMOS Muños, M Pilar. "Artes textiles Canarias NARRIA estudio de artes y costumbres populares"18 ISLADE GRAN CANARI: UAM

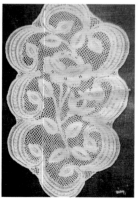

バラのモチーフ
Motivo:rosa / Motif: Rose
＊GONZALEZ Mena Mª Angeles,RAMOS Muños, M Pilar. "Artes textiles Canarias NARRIA estudio de artes y costumbres populares"18 ISLADE GRAN CANARI: UAM

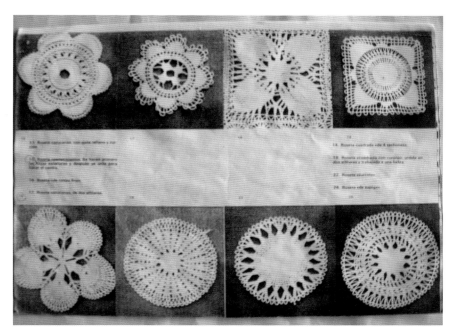

ロセタ（ソル）のモチーフ　Rosetas / Rosettas

白ユリ	白ユリ	4つの鋲	冠つき四角
Azucena / White lily	Azucena / White lily	4Tachuelas / 4Thumbtack	Cuadrada con corona / Square with crown
パンジー	細い紐	縫い目	穂
Pensamiento / Pansy	Cinta fina / Thin ribbon	Zurcida / Darn	Espiga / Wheat's ear

＊GONZALEZ Mena Mª Angeles,RAMOS Muños, M Pilar. "Artes textiles Canarias NARRIA estudio de artes y costumbres populares" 18 ISLADE GRAN CANARI: UAM

　テネリーフェレースは分業化が進み、1900年初頭からは一大産業として輸出を飛躍的にのばしました。そこで他国にも拠点を作るようになるのですが、その際スコットランドや、興味深いことに、日本が選ばれました。
　1918年、日本女性がテネリーフェレース作りの安価な労働力となることを期待して、織子が派遣され、大きな投資がなされました。しかし、時代とともに産業の工業化が進み、手仕事の価値の暴落。結局、採算が取れず、撤退を余儀なくされてしまいます。そうしてテネリーフェレース産業は衰退していきました。
　工業化の波に押されてしまった手作りのレース産業ですが、レース作りその

ものは世界各地に伝えられていったのでしょう。各地にその面影を残した作品を見ることができますが、なかでも特筆すべきことは、ブラジルにニャンドゥティ（Nhanduti）と呼ばれるレースが存在し、その作り方がテネリーフェレースと同じだということです。そのために、日本のファッション専門学校である文化服装学院の図書館の蔵書（レース辞典ほか関連文献）には、ニャンドゥティをブラジルのレースと混同して紹介しているものもあります。ちなみに、ベネズエラのマラカイボにも、ネットレースで作る円形のレースが存在します。

　こうしたレースの存在は、手仕事が衰退していく中でも、その美しさに惹かれた人々によって、静かに、けれどしっかりと伝統が受け継がれてきた証なのかもしれません。

マラカイボのネットレース
Encaje de red en Maracaibo /
Maracaibo net lace
＊GONZALEZ Mena Mª Angeles, "NARRIA"
estudio de arte y costumbres popular 23-24
Provincia de Caceres, UAM

38　パラグアイ・ニャンドゥティレースの背景

VII. El encaje de Tenerife.

Tenerife es la ciudad capital de las islas Canarias en España, que flota en el océano Atlántico, cerca del continente africano, frente a Marruecos. Durante la era de la navegación española se consideró la ciudad más importante como punto de referencia de la Nueva América y los emigrantes europeos comenzaron a embarcarse en el gran océano hasta la Nueva América.

De acuerdo con la revista "NARRIA No.18" editada por la Universidad Autónoma de Madrid, uno de los documentso que me envió el señor Juan de la Cruz Rodríguez, oficial del Museo de Historia y Antropología de Tenerife; el encaje es un tipo de encaje hecho con aguja y de dos clases: Calados Canarios y Canarios Deshilados.

Los Calados Canarios son bordados calados trasmitidos a la región canaria. Primero se corta la tela y se borda en la orilla de corte sobre la almohadilla, luego se llena por los puntos en los huecos. Los diseños son de flores, frutas y uvas usándose los hilos blancos y de colores. Se dice que su origen era Renacentista y del encaje con aguja del calado.

Los Deshilados Canarios son los encaje con aguja, tienen dos tipos llamados la Ventana o el Friso y Roseta o Sol para hacer. La ventana o el friso se sacan tramas de tela y se dejan urdimbres, luego se atan estos urdimbres, haciendo puntos. Se cree que la roseta (Sol) es el encaje que Josefina Plá escribió como el origen del Ñandutí. Para hacer los motivos círculos, primero se colocan los alfileres en forma de círculo sobre una superificie de "Pique" del tamaño de 4 o 8 centímetros, el cual es una especie de almohadilla redonda de forma cilíndrica o bastidor redondo con tela, luego hace como el Ñandutí. Al final se sacan los ganchos y se montan los motivos para hacer el encaje, como cuando se tejen manteles. En general, se estiran 48 hilos de urdimbre.

Los motivos incluyen no solo formas circulares, sino también motivos de varias formas; cuadrado, serpientes, conchas, rosas, entre otros; dependiendo de la posición de los alfileres, finalmente, se unen estos motivos con los motivos para la conexión. Los hilos usan una combinación de azul y verde, pero básicamente sólo en blanco o una combinación de blanco y beige, es muy común. La Roseta consta de 27 motivos básicos y 8 motivos de conexión, los cuales tienen sus propios nombres, porque se creía que era más conveniente para trabajar eficientemente.

El encaje de Tenerife eventualmente se volvió más especializado en la división del trabajo y desde el comienzo del año 1900, se exportó en grandes cantidades y se convirtió en una gran industria.

Así que empezó a haber bases en otros países, en ese momento Escocia y curiosamente, Japón fue elegida. Las tejedoras fueron enviadas en 1918 con la esperanza de que las mujeres japonesas se convirtieran en una mano de obra barata para fabricar y se hizo una gran inversión. Sin embargo, la industrialización trajo progreso con el tiempo, el valor de la artesanía cayó, después de todo, no se pudieron obtener ganancias y tuvieron que retirarse.

Aunque la industria del encaje manual declinó por el desarrollo industrial, transmitió su arte y hoy podemos verlo en los países del mundo. Un acontecimiento notable es que en Brasil existe el encaje llamado "Nhanduti", el cual es el mismo de Tenerife. Por lo tanto, los documentos y el diccionario referentes al encaje de Ñandutí que encontré en la biblioteca de la escuela de Moda de Bunka en Tokio, describían el de Tenerife. En la ciudad de Maracaibo de Venezuela hay un encaje semejante al Ñandutí, el cual se hace por el encaje de red. La existencia de estos encajes demuestra que la tradición ha sido heredada tranquila pero firmemente por las personas atraidas por su belleza, incluso a pesar de que el valor de la artesanía haya disminuido.

VII. Tenerife Lace

Tenerife is the state capital of the Canary Islands of Spain, located in the Atlantic Ocean near the African continent and facing Morocco across the sea. It was regarded as very important during the Age of Sail in the seventeenth and eighteenth centuries as a relay point to the American continent. European emigrants started their voyage into the wilderness of sea here, bound for the New World.

According to the magazine "NARRIA No18" published by the Autonomous University of Madrid, which sent from Mr. Juan de la Cruz Rodriguez, an official at the Museum of History and Anthropology of Tenerife, Tenerife lace is a type of needle lace and has two types: Calados Canarios and Deshilados Canarios.

"Calados Canarios" is embroidery transmitted to the Canary region, in which a hem of cloth is first embroidered and cut to make a figurine filled with needle point lace on the pillow. There were flower, fruit and grape designs with both white and colored threads. It is said that its origin was the "cutwork" type of needle lace that originated during the Renaissance.

The other type is called "Deshirados Canarios", one is "ventana (window)" or "el friso (frieze)", drawn woven from fabric and leaving warps, then tying the warps with points. The other is "el Sol (sun) o la Roseta": that motif is a circle. Josefina Plá wrote that original design of Ñandutí was from el Sol.

To make the round motifs, the weaver puts pins in a circle shape on a pouf called a "pique" with a surface of 4 to 8 centimeters in size, scoops threads diagonally on those pins, then making like the Ñandutí. Finally it is pulled off the pins, finishing the motif. The motifs are then stiched into lace.

"Pique" is a kind of round cylindrical pillow or round frame with a round flat cloth. Therefore, the motifs include not only circular shapes, but also various shapes, snakes, shells, roses, etc., and depending on the position of the pins generally stretch to 48 warps. The thread used is only white or a combination of white and beige, sometimes with a combination of blue and green.

Roseta consists of 27 basic motifs and 8 motifs for connection, each having their own names making it more convenient to work efficiently.

Tenerife lace developed from the 1900s by the division of labor process. Base to create the lace were established in other countries, with Scotland and Japan among those chosen. Some weavers were dispatched to spread Tenerife lace in Japan. But the project was abandoned because it was not profitable.

Although the handcrafted lace industry steadily declined after industrialization, the craft of making lace is handed down all across the world by people who are fascinated by lace.

Specially deserving of mention is that in Brazil there is a type of lace called "Nhanduti" that is crafted with a similar method to Tenerife lace. This is why—in documents and the dictionary of lace referred to at the library of Bunka Fashion College in Japan—"Ñandutí" lace was introduced as Tenerife lace. Incidentally, Maracaibo lace in Venezuela is similar to Ñandutí in its way of netting lace.

In such a way, the existance of these types of lace proves that the tradition of making handcrafts like lace quietly but reliably persists among people who were charmed by its beauty, even in spite of the decline of handicrafts.

VIII. レースの歴史におけるニャンドゥティ

中世の女性たち
Mujeres de la Edad Media /
Women of the Middle Ages
*『レースの歴史とデザイン』
(財)日本繊維意匠センター(1962年)

　レースは欧米において「織物の貴族」と呼ばれ、「勇気は剣で、知識はカツラで、家柄はレースで」という言葉もあるように、時として宝石以上に高価なものとして大切にされました。フランスでは、王妃マリー・アントワネットが、フランス革命の直前にレースを購入した記録が残されていますが、ルイ16世の時代、レースにかける国家予算は国を揺るがせるほどであり、それがフランス革命の要因の一つになったともいわれています。高貴な女性のたしなみであったとも考えられます。

　そんなレースの歴史をたどると、その起源は古く、3世紀のキリスト教化したエジプトのコプト人の墓稜から、またペルーのインカ帝国から、それぞれボビンレースが発掘されており、古代国家においてすでに存在していたとされています。ローマ帝国時代、キリスト教は厳格な修道院制度を確立し、僧は意匠に、尼僧は手芸に励むことが修行とされていました。やがて尼僧は日課としてレースを作るようになり、そこからナンズワーク（nun's work "尼僧の手芸品"）としてレースが修道院で盛んになったと考えられます。

　英語のレース（lace）という語が文献に現れるのは13世紀で、英国の尼僧院の規約の中で使われ、"組み紐"を意味していました。鳥、獣、魚を獲るために仕掛けた網や、罠の形状に似ていたために、ラテン語のラク（Laqueue）から、古代仏語のラシ（Lassis・罠の意）を通して派生したと考えられています。

ミラノ大聖堂
Duomo di Milano / Milan Cathedral
JaCZhou 2015 / gettyimages
イタリアでは建築もレースの影響をうける
Arquitectura fué también influenciada por el arte del encaje / Architecture was also influenced by lace art

フランス語では、ラシは13世紀までダーン・ネッティング（darned netting）を指します。また、イタリアではイタリア語と同様に、それぞれ縁飾りを意味するパスマノ（passement）、あるいはレースの縁のすき歯状を示すダンテル（dantel、歯の意味）を使います。スペイン語では総称してエンカヘ（encaje）と呼びますが、"象嵌"という意味があり、レースの持つ透孔状のコントラストを明確に表現しています。

先述したように、レースには大きな流れとして、イスラム教徒によって花開いたサラセン文化の影響がある組み紐からできたボビンレース、そして針を使ったニードルポイントレースがあげられます。ネットレースは厳密にはレースではありませんが、刺繍で飾られネットレース（ダーンド・ネッティング）として知られています。

ニードルポイントレースは、古代において繊維製品は植物の繊維を糸に紡ぎ、それを織り上げるために時間と尽力を要する貴重品だったので、長く大切に使うために、縁かがりなど布地の補強と、同時に装飾を兼ねて応用された刺繍から発展しました。特に16世紀には、レースが教会建築にも表現されましたが、ニードルポイントレースの中から"レティチェラ（reticella）"とよばれる技法が生まれ、ドロンワーク、カットワークやダーンド・ネッティングに刺繍を併用し、レースを一層華麗なものにしました。レティチェラとは、初めに布の一部から一定数の糸を抜いて、残る縦糸と横糸をかがることで、"透かし"を入れる技法です。

Los antecedentes del encaje "Ñandutí" / Precedent of the Lace "Ñandutí"   43

レティチェラ　Retichella
*『レースの歴史とデザイン』
(財)日本繊維意匠センター(1962年)

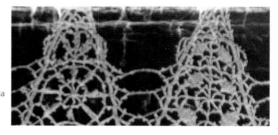

プント・イン・アリア　Punto in Aria
*『レースの歴史とデザイン』
(財)日本繊維意匠センター(1962年)

　このレティチェラが発展したのが、"プント・イン・アリア（Punto in Aria)"と呼ばれる技法で、地布やネットに頼らず、仮の支え地に糸で格子を作り、出来上がり時にその支えを取り外すという画期的な技法です。こうした技法の発展によって、レースはイタリアにおいて芸術の域まで達するほどに完成されていったのです。

　17世紀になると、ベネチアでは、刺繍レースのような"グロ・ポアン・ド・ヴニーズ（Gros Point de Venise)"、さらに"ローズ・ポアン・ド・ヴニーズ（Rose point de Venise)"という華麗かつ豪華で洗練されたレースが作り出されるようになり、ヨーロッパ中を熱狂させ、非常に高価なレースとなりました。そのため、購入ができなくなった他の国が、独自にレースを作るようになったといわれています。

　糸のみによって模様を構成するというプント・イン・アリアの技法によって、レースは機械化が可能になりました。またモチーフごとに編んでからあとで全

体を繋ぎ合わせるために、ここで初めてブリッド（繋ぎ）の技法が考え出されました。

このようなニードルポイントレースの歴史から考えると、ニャンドゥティは特にイタリアの「レティチェラ」の影響を受けているのではないかと推測されます。

VIII. El "Ñandutí" en la historia del encaje

En Europa el encaje era "el tejido noble" y se lo trataba con sumo cuidado; tanto que se decía: "la espada muestra el coraje, la peluca muestra la sabiduría y el encaje muestra el linaje". En ciertos casos, el encaje era considerado más costoso y valioso que una joya y se le trataba con mucho cuidado. El costo de los encajes causó muchas pérdidas para el prespuesto del Estado de Louis XVI de Francia, tanto que fue un factor económico en la revolución francesa; aprender a tejer el encaje era símbolo de feracidad de una dama real.

Los encajes de bobína fueron descubiertos en tumbas coptas de los cristianos de Egipto en el siglo III. Por eso sabemos que ya existían los encajes de bobina en aquel antiguo país. El cristianismo estableció rigurosamente la institución del convento en el imperio romano y las tareas y mortificaciones los monjes dibujaban y las monjas tejían. Era su tarea diaria en los conventos, los trabajos manuales, hoy en día, se conocen como el "nun`s work.".

La palabra inglesa "lace" se encontró en documentos de un convento de monjas del Reino Unido en el siglo XIII. En aquel momento tenía el sentido de "macramé", forma parecida a la de una red para cazar los pájaros y peces. Se cree que se derivó de la lengua latina "Laqueue", a través de la antigua lengua francesa "Lassis" (significado de trampa), que se refería a la red (Darn netting) hasta el siglo XIII. En italiano se usaba la palabra "Pasmano" o "Dantel (dientes). En español se llama "encaje", tiene el significado de "incrustado" y expresa claramente el contraste de transparencia de la lace.

El encaje tiene 3 líneas principales de técnica: el encaje con aguja (Needle point lace); el encaje de bobína que viene de la cultura árabe y el último, el encaje de red, que se usa para cazar peces y animales y aunque el de red no es estrictamente un encaje, está decorado con bordados y se le conoce como "Dam netting".

El encaje con aguja se desarrolló para hacer el bordado que reforzaba y decoraba los ropajes rotos, ya que el atuendo tejido era muy costuoso por el tiempo y el trabajo laborioso que en él se invertía. Luego a través del calado y del deshilado, el encaje con aguja se desarrolló un arte muy fino llamado "Reticella", y después el "Punto in área" durante el Renacimiento italiano.

El "Reticella" fue un invento mediante el cual cierto número de hilos eran sacados de un pedazo de tela; luego se zurcían urdimbres y tramas y se obtenía la base del encaje. Una siguiente innovación de la técnica fue inventad: el "Punto-in-aria", el cual era una rejilla sin tela o red. Se hacía con hilos sobre una tela que servía de sostén provisional y que se desmontaba al terminar. Al nacer este arte se hizo posible la mecanización de la manufactura de encajes. También se ideó el arte "Birida" en el cual cada motivo era unido entre sí. El encaje italiano ha alcanzado el nivel de arte.

En siglo XVII, en Venecia se creó el estilo "Gro point de Venise", después el "Rose point de Venise", los cuales fueron lujosos, magníficos y refinados que subieron tanto los precios, que no se podían comprar en otros países europeos y al final cada país intentó producir su encaje propio.

Considero que a este punto de la historia del encaje con aguja; el Ñandutí tuvo influencia del "Reticella" italiano especialmente.

VIII. Ñandutí's Place in the History of Lace

Lace is called "the fabric of nobility" in Europe and America, and treasured very much. As the saying goes: "swords show courage, wigs show knowledge, and lace shows lineage". Lace was considered to be more expensive than jewelry, and a precious article to be handled carefully. The cost of lace being extremely high was cited one factor in the onset of the French Revolution. Learning to weave lace was a symbol of a real lady's decorum.

Bobbin lace was discovered in the tombs of the Christian Copts in Egypt dating back to the third century. This is how we know that the bobbin lace already existed in ancient nations. Christianity rigorously established the institution of the convent in the Roman Empire and in the tasks and mortifications, the monks drew and the nuns wove. It was their daily task in the convents, and nowadays, it is famously known as "nun's work".

The word "lace" in English appears from the 13th century, and was used in the conventions of the British nunnery, meaning "macrame", a form similar to a net to hunt birds and fish. It is thought that it was derived from the Latin "laqueue", through the ancient French language "lassis", which refers to "darn netting" until the 13th century. In Italian, the word "pasmano" meaning borders or "dantel" (teeth) shows the shape of the ruffled tooth of the lace. In Spain is called "encaje", with has the meaning of "inlaid", which expresses the contrast of the through-hole shape of the lace.

Lace has three main schools of technique. Two of them can be broadly divided into bobbin lace, which comes from the Arab culture, and needlepoint lace. The third is netting, which–although not strictly lace—is known as "darn netting" or "darn lace" when decorated with embroidery.

Needle point lace was developed to make the embroidery that reinforced and decorated torn clothes, since woven attire was very costly at the time, requiring laborious work invested in it. Then through "cutwork" and "drankwork", very fine arts called "Reticella" and "Punto in area" were developed during the Italian Renaissance.

"Reticella" was invented by pulling a certain number of threads from a piece of cloth, then darning up the remaining warps and wefts to make a base cloth. Next, an innovative technique, "Punto in aria" was invented in which threads are plaited on a temporary supportive cloth, and when the darning is complete, the thread is cut at the back and finished. By birth, this art is made possible through the mechanization of the manufacture of lace. The "Bride" art was also devised, in which each motif was linked to each other. So it was that Italian lace reached the level of art.

In the 17th century in Venice, a gorgeous luxury emerged named "Gros point de Venise" like embroidery lace, and was later followed by "Rose point de Venice". It was received enthusiastically throughout Europe and it became a very expensive lace. For that reason, it is said that other countries that could not afford to purchase it began to make their own lace.

Considering from this history of needlepoint lace, it is speculated that Ñandutí was particularly influenced by the Italian lace "Reticella".

IX. スペインのレースとニャンドゥティ

　スペインは、植民地であった新大陸から運ばれた金銀の保有高がヨーロッパで最も高く、金糸銀糸の発祥の地とされました。それゆえに、他のヨーロッパ諸国と同様、中世から手工芸が盛んでしたが、特に、金糸や銀糸を使ったレースはフランス語でポワン・デ・エスパーニャと呼ばれ、ヨーロッパで豪華なレースとして有名でした。

　またカトリック教国であるため、"スレッドレース"と呼ばれる亜麻糸で作られた白いレースは、祭壇を飾ったり僧衣として使われたりと、主に宗教用に尼僧たちによって教会で作られていました。つまり教会が、レースの発展に関して、非常に重要な位置を占めていたのです。
　前述した雑誌「NARRIA」23・24号には、ニャンドゥティのモチーフと同じ丸いレースのモチーフでできた、カサレス（Cáceres）のレースに関する記述があります。スペインの首都マドリッドの西エクストラマドゥーラ県に、カセレスという町が存在します。この町では伝統的なレース技術を今日に至るまで途絶えることなく伝えています。

　カサレスには、世界三大巡礼地であるサンチアゴ・デ・コンポステーラに次ぐスペインの巡礼地、サンタ・マリア・デ・グアダルーペ王立修道院があります。二人の婚姻によってスペイン王国の礎を築いたカトリック王（Los reyes catóricos）：アラゴン王のフェルナンド2世とカスティーリャ女王イサベル1世が、レコンキスタ（イスラム世界からの領土回復）を通して、安穏と休息を兼ね滞在し、長く王室の庇護を受けた修道院です。
　とくにコロンブスは、南米大陸征服の許可を得るために両王を訪れ、アメリカ大陸発見の翌年の1493年には、征服の成功の報告とお礼に訪れました。守

護神は褐色の女神グアダルーペで、メキシコの有名な寺院がグアダルーペであるように、新大陸征服の共同体として信仰の中心地であり、ここから多くの宣教師、尼僧が派遣されたと考えられます。そして、カサレスの修道院では地域の伝統的なレースのみならず、スペインの他の地方、また外国のレースも盛んに作られていたそうです。

　カサレスの伝統的なレースは、ドロンワークの帯状レース"帯状の房飾（Deshilado de friso）"と、ニャンドゥティのモチーフに似たレース、"ソレス・デ・カサール（Soles de casarカサールの太陽）"です。他にもマクラメや、12個のボビンで作るボビンレースが盛んで、そのトーションレースは、"スペイン風ルネッサンス"あるいは、"ヒイラギレース（encaje de Acebo）"という名で有名でした。

サラマンカあるいは
カタルーニャのレース
Encaje de Salamanca o Cataruña /
Salamanca or Catarunha lace
＊GONZALEZ Mena Mª Angeles,
"NARRIA"estudio de
arte y costumbres popular 23-24
Provincia de Caceres, UAM

　カサールの太陽は、縦糸のみならず横糸も抜いて四角い空間を作ります。これを窓孔（Hueco de ventana）と呼び、この窓孔の縁に対角線上に糸を張り、一周した後にその縦糸を中心にまとめ、放射線状になった糸を縦糸として、結んでさまざまな形を織り上げていきます。

　モチーフは放射状に張られた糸なので、基本的に放射状の円形になることから、カサールの太陽という名前が付けられたのだと思いますが、明らかにイタリアのレティチェラの技法を受け継いでいると考えられます。モチーフのデザ

インは80種類もあると「NARRIA」23・24号書かれていますが、名前については触れられていません。

カサールの太陽
Soles de casar / Wedding soles
*GONZALEZ Mena Mª Angeles, "NARRIA" estudio de arte y costumbres popular 23-24 Provincia de Caceres, UAM

　スペインの他の地方、サラマンカやカタルーニャにもカサレスと同じ円形のレースが存在しますが、モチーフは同じデザインを繰り返し、"アルモアディージャ"と呼ばれる小さい枕や、円形や四角形や半円形で、表面に布を張り端にピンを留めた"テラリージャ"と呼ばれる道具を使っているので、ピケを使うテネリーフェレースに影響を与えているものと考えられます。
　モチーフのデザインに関しては、ニャンドゥティにテネリーフェレースに似たデザインが存在するので、影響を受けたとも考えられますが、例えば重要なモチーフ"ジャスミンの花"は、写真のように異なります。

ニャンドゥティ
Ñandutí
＊PLA Josefina, GONZALEZ Gustavo,
"PARAGUAY : el Ñandutí", cuaderno de
divulgación, museo paraguayo de arte
contemporáneo,1983

テネリーフェ
Tenerife
＊GONZALEZ Mena Mª Angeles,
"NARRIA"estudio de
arte y costumbres popular 23-24
Provincia de Caceres, UAM

　また、ニャンドゥティの繋ぎの役割のモチーフ "サフランの花" は、テネリーフェレースでは繋ぎの役割ではないドロンワークレースである窓孔（Ventana）に似ています。

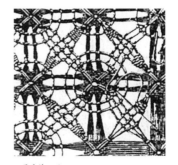

ニャンドゥティ
Ñandutí
＊PLA Josefina, GONZALEZ Gustavo,
"PARAGUAY : el Ñandutí", cuaderno de
divulgación, museo paraguayo de arte
contemporáneo,1983

テネリーフェ
Tenerife
＊GONZALEZ Mena Mª Angeles,
"NARRIA"estudio de
arte y costumbres popular 23-24
Provincia de Caceres,UAM

　こうしたことから、ニャンドゥティはテネリーフェの影響を受けていますが、イタリアのレティチェラの作り方に似ている "カサールの太陽" にも似ています。

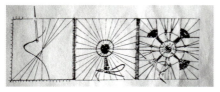

窓孔
Hueco de Ventana / Window hole
＊GONZALEZ Mena Mª Angeles, "NARRIA" estudio de arte y costumbres popular 23-24 Provincia de Caceres, UAM

カサールの太陽
Soles de Casar / Casar sun
＊GONZALEZ Mena Mª Angeles, "NARRIA" estudio de arte y costumbres popular 23-24 Provincia de Caceres, UAM

　テネリーフェレースでは、完成したモチーフを別の布上に縫い付けてから、それぞれを繋ぎ合わせるというように、工程は2段階に分かれていますが、ニャンドゥティの最大の特徴は、下絵を布上に描き、その上に直接レースを作っていくので、制作過程は1段階です。また、布上に描いたデザインは"サフランの花""グァジャバの16個の花""フィリグラナ（金細工）"などの繋ぎの働きをするブリッド（繋ぎ）によって繋げていくことができ、レティチェラで作るカサールの太陽より、レース表現がより自由になることです。

サフランの花（筆者作）
Flor de asafrán / Saffron flowers

グァジャバの16個の花（筆者作）
16flores de Guayaba /
16 flowers of Guava

金鎖（筆者作）
Filigrana / Filigree

　以上の事からニャンドゥティは、パラグアイの伝統的な民芸品であると同時に、イタリア、スペインへと受け継がれるニードルポイントレースの影響を受けて、パラグアイで独自に生まれたニードルポイントレースの技法だと考えら

れます。

それでは、どのような過程で、また、誰によってこの技法は伝えられたのでしょうか――。

IX. El encaje de España y el Ñanduti

En España, el oro y la plata transportados desde el Nuevo Mundo colonial fue el más alto de Europa y fue considerado como el lugar de nacimiento del "hilo de plata" y del "hilo de oro". Por lo tanto, al igual que en otros países europeos, las artesanías eran populares desde la Edad Media, especialmente los encajes de hilo de oro y plata de España conocidos como "Poin d'Espagne" en Francia que fueron muy famoso en Europa.

Además, como era una nación católica, el encaje de hilos de lino era elaborado en las iglesias por monjas, principalmente para decorar el altar y los ornamentos con los que los eclesiásticos celebraban el culto; en otras palabras, la iglesia tuvo una gran participación en el desarrollo y difusión del encaje.

En las revistas "NARRIA" No. 23-24 editadas por la Universidad Autónoma de Madrid, hay una descripción sobre el encaje de Cáceres, provincia de Extremadura al oeste de Madrid, hecha de un motivo redondo similar al Ñandutí, en el cual se ha tansmitido una técnica tradicional del encaje con aguja ininterrumpidamente hasta hoy.

En Cáceres hay un monasterio, el de Santa María de Guadalupe, el cual es el segundo lugar de peregrinación en España después de Santiago de Compostela. Los reyes Católicas: el rey Fernando II de Aragón y la reina Isabel I de Castilla, hicieron una piedra angular en España y descansaron en ese monasterio para la vida tranquila y pacífica durante "la Reconquista" (la recuperación territorial del mundo islámico).

Ese monasterio recibió la protección de la familia real durante mucho tiempo. En particular, Cristóbal Colón visitó a los Reyes con el fin de obtener el permiso de la conquista del Nuevo Mundo, en 1493, año siguiente del descubrimiento de América, allí se daba la gracia al éxito de la conquista. También en ese monasterio se instaló una virgen marrón Guadalupe, como en el famoso templo de México que tiene la misma virgen centro de fé. Y en los monasterios de Cáceres no sólo se hacían los encajes tradicionales del la región, sino también de otras partes de España y países extranjeros.

Los encajes tradicionales de Cáceres son el "Deshilado de friso" y el otro similar al motivo de Ñandutí, "Soles de Casar". Hay también un encaje que se hace con doce bobínas, el cual fue famoso y se conoce con el nombre de "Renacimiento" de estilo español o el encaje de "Acebo".

En los "Deshilados de friso" cierto número de tramos son sacados de tela haciendo un espacio rectangular luego se zurcen las urdimbres haciendo el encaje rectangular.

Los "Soles de Casar" crean un espacio rectangular, llamado "hueco de ventana" extrayendo no sólo la urdimbre sino también la trama. Luego se pone un hilo en la línea diagonal en el borde de este agujero de ventana, se ata en el centro, se tejen varias formas. Como el motivo es un hilo radialmente estirado, se puede suponer que fue nombrado el "Sol de Casar" porque básicamente es un círculo radial. Hay 80 tipos de diseños de motivo, pero no se encuentran sus nombres.

El mismo encaje circular también está presente en otras partes de España, Salamanca y Cataluña, los motivos repiten la misma forma y emplean almohadillas o telarilla como el "Pique", razón por la cual considero que éstos fueron el origen del Tenerife.

Los motivos de Tenerife tienen nombres y hay diseños similares al "Ñandutí", es probable que lo haya influenciado; Sin embargo el motivo importante: "Flor de jasmín" es diferente. El "flor de azafrán" del Ñandutí funciona para unirse en Tenerife fue el encaje de deshilado, aunque son algo parecidos.

A partir de ahora analizando los encaje españoles, el Ñandutí se parece a los de "Soles de Casar" de Cáceres y tienen la forma parecida al de "Reticella" de Italia.

Una característica muy importante del Ñandutí es que los encajes de Tenerife, de Salamanca y de Cataluña tienen dos etapas para su elaboración, sin embargo en el Ñandutñi todo el proceso se hace al mismo tiempo sobre la tela, usando motivos conectados como la flor de azafrán, 16 flores de guayabo y filigrana. La expresión en el "Ñandutí" es más libre y creativa que otros encajes.

Estoy convencida que el Ñandutí se desarrolló en el Paraguay bajo la influencia del encaje italiano y español; además no sólo es una artesanía tradicional, sino también es una técnica nueva del encaje con aguja.

Entonces cabe la pregunta, ¿cómo y por quién fue transmitido al Nuevo Mundo?

IX. Spanish Lace and Ñandutí

In Spain, the amount of gold and silver transported from New World was the highest in Europe, and it was considered the birthplace of silver and gold thread. Like other European countries, arts and crafts had been popular since medieval times. Especially lace made with gold and silver thread, called "Point d'Espagne" in French, was greatly favored in Europe.

Meanwhile, Spain is a Catholic country, and lace made with linen was called thread lace and mainly used to decorate religious altars or priests' frocks. Thread lace was made by nuns in church. That meant the Church played a very important role in the development of lace.

In the magazine "NARRIA" Nos. 23-24 edited by the Autonomous University of Madrid, there is a description of the lace of Cáceres made of a round motif similar to Ñandutí, which originates from a city in the province of Extremadura west of Madrid. A traditional technique of weaving lace has been continuously passed down through the generations until today in this province.

In Cáceres, there is a monastery of Santa María de Guadalupe, which is the second most famous pilgrimage site in Spain after Santiago de Compostela. The Catholic kings King Ferdinand II of Aragon and Queen Elizabeth I of Castile made this place their cornerstone in Spain and stayed there in peace and rest during the Reconquest (territorial recovery of Islamic world).

That monastery received the protection of the royal family for a long time. In particular, Christopher Columbus visited the Kings in order to obtain permission for the conquest of the New World. In 1493, the year after the discovery of America, he visited to thank them for the success of the conquest.

In that monastery, a brown Guadalupe goddess is installed. Just as the famous temple of Mexico has the same goddess, it is the center of the faith as a community of the conquest of the New World. And in the monasteries of Cáceres, they have not only made the traditional lace of the region, but also that of other parts of Spain and foreigners.

Among the traditional lace of Cáceres, the "Deshilado de friso" (zonante tassel)" and colled "Soles de Casar" (the sun of Casar)" are especially well known. There is another lace with 12 reels known as "Renaissance" or "Acebo". "Soles de Casar", similar to the Ñandutí motif, are born from a rectangular space we call "hole of window". The number of weaves and warps drew the cloth out, later weaving millimeters wide in the tangle and doing a diagonal form. This circular form is similar to Ñandutí lace and has 80 different motifs, but they do not have original names.

Meanwhile, there are similar kinds of round lace in the Salamanca and Cataluña, which repeat the same patterns and use a pillow called almoadilla o telarilla. For this reason, it is considered to be the progenitor of Tenerife lace.

The Tenerife motifs have names and designs similar to the Ñandutí. However, the important motif of the "Jasmine flower" is a different design, and the "saffron flower" motif of the Ñandutí works as the "bride", Tenerife lace is made by drawnwork technique, although they are somewhat similar. Ñandutí lace is influenced by Tenerife lace, yet nevertheless it is similar to "Soles de Casar" of Cáceres that is, in turn, similar to "Reticella" of Italy.

A very important characteristic of Ñandutí lace is the fact that the lace of Tenerife, of Salamanca, and of Catalonia have two stages for the elaboration, while in Ñandutí, the whole process is done at the same time on the cloth for the bride motifs "flower of saffron", "16 flowers of guayab", and "filigree". For this reason, the expression of Ñandutí is freer and more creative than the others.

I am convinced that Ñandutí was developed in Paraguay with the influence of Spanish lace, forming a new technique of needlepoint lace.

Then, the question is, how and by whom was Ñandutí lace transmitted to the New World?

ニャンドゥティの秘密

El secreto de "El Ñandutí"
The Secret of Ñandutí

I. 新大陸の植民地化

　コロンブスのアメリカ大陸発見によって、ヨーロッパ人は遥かな新大陸を目指し大西洋を渡っていきました。この大航海時代、無敵艦隊を率い"太陽が沈まない国"と呼ばれるほど領土を広げ大帝国を作り上げたスペインは、積極的に新大陸に進出していきました。

　南米大陸へのヨーロッパ人たちの進出方法は3段階に分かれています。コロンブスのような征服者が領土獲得争いのような形で進出する"英雄時代"。次にスペイン本国から人を派遣して直接統治する"植民地化時代"。この時代中南米には、ニュースペイン副王領（メキシコ）、ニューグラナダ副王領（コロンビア、ベネズエラ、エクアドル）、ニュートレド副王領（ペルー）、ラプラタ副王領（パラグアイ、アルゼンチン）などの副王領（virreinato）が誕生しました。副王（virrei）とは現地におけるスペイン王の代理人（総督）ことです。そして最後は、原住民へのキリスト教教化を目的とした"宣教時代"です。

　宣教師は初期から南米大陸に渡り宣教活動を行っていましたが、それはキリスト教が植民地社会に入ることによって、政治的のみならず、精神的にもヨーロッパに同化するようにと考えられていたためです。

　"最も重要な征服、それは魂の征服"といわれるように、キリスト教の布教は、国家の建設と同様に植民地支配の柱でした。パラグアイではイエズス会とフランシスコ会が宣教しましたが、その宣教の仕方は対照的でした。

トリニダー遺跡
La ruinas de Trinidad / Trinidad ruins
＊作者撮影　1998年

58　　ニャンドゥティの秘密

I. La colonización de América

Los europeos se extndieron hacia América tras el descubrimiento del Nuevo Mundo por Cristóbal Colón. En la era de la gran navegación, España expandió sus territorrios hasta el grado de poder decirse que en ellos " no se ponía el sol" y de la flota española que era una "flota sin enemigos". Tres etapas comprendió la expansión de los europeos hacia América.

La Primera: "La era de Héroe" o de los conquistadores como Cristóbal Colón que competían entre sí para saquear la tierra. Una segunda: "La era de Colonización" mediante la cual las personas fueron enviadas por orden de la Corona española y establecieron los virreinatos: Nueva España (México), Nueva Granada(Colombia, Venezuela y Ecuador), Nueva Toledo (Perú), La Plata (Paraguay, Argentina) entre otras. El Virrey era el representante del rey de España. Por último, "La era de Evangelización" en la cual los misioneros evangelizaron a los indios.

Con la introducción del cristianismo, los españoles pensaron que el Nuevo Mundo debía ser asimilado a Europa, no sólo política, sino mental y culturalmente. Se dice que la más importante conquista fue la del alma.

En el Paraguay ingresaron dos órdenes misioneras, la Companía de Jesús y la de San Francisco; Sin embargo, sus formas de extender el cristianismo fueron simétricas.

I. Colonization

Europeans claimed territory in America after Columbus discovered continental America. Spain, through a period of big navigation, expanded its territory. There were three stages of expansion by Europeans.

In the first, "The Period of Heroes", conquerors like Columbus vied for competition and plundered the land.

The second was "The Period of Colonization", in which people were sent directly by order of the Spanish government. The territories were called virreinato: there was New Spain (Mexico), New Granada (present-day Colombia, Venezuela, Ecuador), New Toledo (Peru), La Plata (Paraguay and Argentina). A "virrey" (viceroy) was a representative of the Spanish government.

The last was "The Period of Evangelization", in which missionaries converted the native peoples. Through the introduction of Christianity, the Spanish thought that the New World must be assimilated with Europe, not only politically but also mentally. It is said that the most important conquest is the conquest of spirit (soul). Christianity's principal idea was the same as the government.

As for Paraguay's missions, one was conducted by The Society of Jesus and the other by the order of Sao Francisco. However their style of expansion was a study in contrast.

II. イエズス会

　映画『ミッション』は、17〜18世紀の南米において、不屈の闘志で宣教を推し進めたイエズス会の宣教師たちの物語ですが、まさにその舞台になったのが、世界遺産に登録されているパラグアイのトリニダー遺跡です。
　今ではで周辺がきれいに整備され観光スポットになっていますが、数百年前にはジャングルに覆われた辺境の地にそびえ立っていたであろうことを想像すると、インディオにキリスト教を宣教しようとした宣教師たちの意志と情熱に圧倒される思いがします。
　イエズス会は、16世紀後半から1767年のイエズス会排斥令が出されるまで、10万平方kmわたる広大な領域に30箇所の自治区をつくりました。自治区とは、知的エリートであった宣教師たちがトーマス・モアのユートピアの思想に影響を受け、その世界を実現しようと組織した共同体です。

　有名なトリニダー遺跡は、宣教師たちが数千人のインディオと共同生活をした跡で、ここでインディオたちは外界との接触を絶って宣教を受け、規律に基づいた生活を送りました。私有物の観念を持たないガラニー族の慣習も上手く利用し、自治区では土地や家、農具などあらゆるものを共同体の所有物とし、綿、マテ、家畜、食物果物などを生産。それらを平等に分け与えられる自給自足の生活を基本としました。この共同体は、原始共産主義社会を体現したものとしてヨーロッパに伝えられ、ロシア革命にも影響を与えたといわれています。

イエズス会のシンボルの一つ
Uno de los símbolos de la Compañí de Jesús /
One of symbols of the society of Jesus

この自治区は、ブラジルから侵入するバンデイランテス（征服者／ポルトガル語）に対する防衛を目的ともしていましたが、やがて植民地のエンコミエンダ（荘園）で奴隷として扱われたインディオの不満が高まるにつれ、頻繁にエンコメンデーロ（荘園主）と争うようになりました。

　イエズス会は、中南米諸国において宣教を進めるにあたり、特に教育に力を入れていました。知的エリートを養成するための学校を作り、力と富を保有するようになり、結果的に中南米諸国の国家体制に大きな影響を与えるようになりました。

　こうしたイエズス会の動きは、1753年にスペインがポルトガルに七つの自治区を譲ったことをきっかけに、これを不服とする宣教師とインディオの蜂起を引き起こしますが、イエズス会が政治的に力を持つことをおそれた本国によって、イエズス会が追放され、自治区は崩壊。18世紀後半にはイエズス会は中南米諸国から完全に追放されました。

　この共同体で、今日"パラグアイハープ"として有名なアルパなどの楽器の制作や、陶芸などが教えられていたようですが、グスタボ・ゴンザレスの記述からも、頑なに外界との接触を絶ったイエズス会とニャンドゥティとの接点を見つけ出すことはできませんでした。

II. L a Compañía de Jesús

　La película "La Misión" presenta la historia de los misioneros jesuitas, quienes con voluntad inquebrantable dieron continuidad a la evangelización en los siglos XVII y XVIII.　La ruinas de Trinidad, en Paraguay, declaradas patrimonio de la Humanidad, son ciertamente el lugar original de la misión. La localidad de San Ignacio de Loyola, en Argentina, fue también muy famosa.

　Actualmente, tales sitios se hallan muy bien situados y son turísticos. Sin embargo, me imagino que en aquel entonces , hace ya cientos de años, se erigieron en la selva, lejos de la ciudad; entonces me sentí abatida por el entusiasmo de los misioneros, los cuales nunca han agotado su esfuerzo y voluntad.

　La Compañía de Jesús había establecido 30 áreas autónomas que abarcaron una zona inmensa de 100 mil metros cuadrados desde la segunda mitad del siglo XVI hasta la expulsión de los jesuitas por el rey de España en 1767.

　Los misioneros eran inteligentes y querían realizar la "utopía" de Tomás Moro en la comunidad humana. Las célebres ruinas de Trinidad es un lugar donde los jesuitas vivieron juntos con miles de indios nativos. Ahí vivieron estos últimos completamente aislados, fueron instruidos por los misioneros en el cristianismo y a una vida disciplinada.

Los misioneros implantaron el sistema comunitario de la tribu guaraní en la cual no existía la noción de posesiones privadas, sino que pensaban que todo; la tierra, las casas, los instrumentos agrícolas, eran para la comunidad. Los indios cultivaban algodón, mate, alimentos y frutas y las dividían equitativamente. Era la autosuficiencia, la idea básica de vida de los misioneros.

Se decía que el sistema de los jesuitas fue transmitido al europeo como la comunidad ideal de la sociedad primitiva del comunismo.

La autonomía de la misión buscó al virreinato y a la España por su independencia, además, para protegerla contra "los bandeirantes", quienes invadían atravesando las fronteras desde el Brasil. Los esclavos de encomienda (la tierra del señor) de la colonia llegaron a tener muchas frustraciones y comenzaron a batirse con frecuencia contra los encomendores (el señor). La compañía de Jesús, en camino de evangelización, se esforzó en la educación, fundó importantes colegios en los países de Nueva América y se hizo foco de poder y de riqueza. Al fin y al cabo tuvo una influencia muy fuerte a los gobiernos de Nueva América.

Puesto que España le cedió 7 autónomías de misión a Portugal en 1753, los misioneros y los indios se levantaron para luchar. Sin embargo, el resultado fue que los misioneros fueron explusados y los autonomías de misión se derrumbaron. En la segunda mitad del siglo XVIII fue explusada la compañía de Jesús completamente los países de Nueva América. Estoy segura que los instrumentos musicales y las artes de cerámicas se transmitieron a la sociedad paraguaya de hoy.

II. The Society of Jesus

The film "Mission" is the story of the missionaries from the Society of Jesus who carried out their missions with unyielding spirit in South America in the 17th and 18th centuries. The very scene took place in Paraguay. The Trinidad Ruins are located in Encarnacion, in the south of Paraguay along the border of Argentina. Also San Ignacio de Loyola, which is located on the Argentinian side, is well-known. Today their surrounding areas have been well-mainted and serve as sight-seeing spots. However, when I imagine this area covered with jungles soaring up in a remote region several hundred years ago, I feel overwhelmed by the enthusiasm of those missionaries trying to teach Christianity to the indigineous people.

The company of Jesus had established 30 autonomous areas that covered an immense area of 100 thousand square meters from the second half of the 16th century until the expulsion of the Jesuits by the king of Spain in 1767. The missionaries were intelligent and wanted to perform the utopia of Tomas Moro in the human community.

The famous Trinidad Relics where the missionaries of the Society of Jesus lived together with several thousand natives. Here those natives lived in complete isolation, were taught Christianity, and led a well-disciplined life. The communal life organized by the missionaries in Central and South America, which is said to have influenced Thomas More's "Utopia", also complemented Paraguay. Taking advantage of the Guarani tribe's system that had no concept of private possession, they made everything from land and houses to agricultural implements the community's possession. They produced cotton, mate (a South American holly), livestock, food, and fruit and divided them equally. Self-sufficiency was the basis of their life.

It was said that the Jesuit system was transmitted to the European as the ideal community of the primitive society of communism.

They fought against conqueror invading from Brazil, but the frustration of the Indians who were treated as slaves at "Encomienda", the manor, in the colony increased and they started to fight frequently against "Encomendero", the lord of the manor. Spain's relinquishing of seven autonomies to Portugal in 1753 triggered an uprising of the missionaries and the Indians who were unsatisfied with this, but in the end the Society of Jesus was expelled and the autonomies started to collapse. It seems that in this community making musical instruments and ceramic art were taught, but a connection between the Society of Jesus, which stubbornly avoided contact with outer world, and Ñandutí lace could not be found.

III. フランシスコ会

　パラグアイの宣教に大きな役割を果たしたもう一つの宗派はフランシスコ会で、副王国において、彼らは他の宗派に先んじて布教を始めました。

　16世紀後半、フランシスコ会の修道士ルイス・ボラーニョスによって、初めてスペイン語によるガラニー語の辞書が作られると、宣教師たちもグァラニー語での宣教が可能になり、より一層インディオにキリスト教が浸透していくようになりました。

フランシスコ会のシンボルの一つ
Uno de los símbolos de la orden de San Francisco /
One of symbols of the Franciscans

　特に、フランシスコ会とイエズス会との決定的な違いは、植民地社会に対する考え方でした。

　前述したように、イエズス会は、彼らの自治区を植民地社会から遠く離れた孤立した土地につくりました。一方、フランシスコ会は、植民地社会との共栄共存を目指しました。エンコミエンダ（荘園）でのインディオに対する奴隷としての不当な扱いを糾弾する一方で、インディオを召し使いとして荘園で働けるよう教育したのです。

　教会の学校では、尼僧たちによってインディオの女性たちに、手仕事として、糸を紡ぎ、布を織り、衣服を縫うことが教えられました。

　これまでにも触れた通り（VIII.レースの歴史）、レース（Lace）という語が尼僧院において誕生するほど、レース作りが尼僧たちの日課となっていたことから、ナンズ・ワーク（Nun's Work）と呼ばれる尼僧の手芸品は今でも有名です。植

民地が豊かになるにつれて、ヨーロッパ同様、カトリック教会、また一般の女性の間で、美しいもの、レースへの憧れは強くなったのでしょう。アスンシオン市の中心部に位置する伝統あるパラグアイのホテルは、ニャンドゥティレースで着飾った貴婦人たちが集い歓談したであろう当時の雰囲気をしのばせています。

アスンシオンから車で40分のところに、"ニャンドゥティの郷"として有名なイタグアの町があります。

その町の教会に所蔵されている、町に関する歴史書には、イタグアはフランシスコ会によって拓かれ、修道院があったという記述があります。これでニャンドゥティにはフランシスコ会の修道女や女性たちが関わっていることがはっきりしました。また、修道院の存在によって、ニャンドゥティ以外にも多くの手芸品があった理由がわかりました。

修道服 イタグアの教会
Hábito Iglesia de Itagua / Habit Itagua charch

El secreto de "El Ñandutí" / The Secret of Ñandutí　65

III. La orden de San Francisco

La otra orden religiosa encargada de evangelizar al Paraguay fue la de San Francisco. Los Franciscanos pensaban en que se iba a cumplir la predicción de realizar la evangelización al mundo entero.

En la segunda mitad del siglo XVI, el fraile Luiz Bolaños elaboró por primera vez un diccionario guaraní en español, ésto permitió que los frailes evangelizaran más fácilmente a los indios en su propio idioma;. por consiguiente, el cristianismo se penetró entre los guaraníes.

La principal diferencia entre la Compañía de Jesús y la orden de San Francisco fue la actitud hacia la sociedad colonial; aquélla estableció sus áreas autónomas en lugares aislados y alejados de las colonias, mientras que la orden de San Francisco no.

Por otro parte, en aras de la prosperidad mutua respecto a los colonizadores, la orden de San Francisco coexistió con estos últimos; pero a la vez, los franciscanos acusaron a los encomendadores de dar malos tratos a los indios de manera muy injusta; educaban a los nativos para que trabajaran como sirvientes en las colonias y en la escuela de la iglesia de las franciscanas, las monjas enseñaron a las indias a hilar, tejer y coser sus ropas.

Imagino que la sociedad colonial se hizo cada vez más próspera, la gente apeteció cosas bonitas y las mujeres anhelaron llevar encajes como los de las europeas. "El hotel Paraguay" que quedaba en el centro de la ciudad, tenía el estilo colonial, tradicional y digno, donde las mujeres vestían con elegancia las ropas de encaje Ñandutí en la época colonial.

Itagua es un pueblo ubicado a 40 minutos en coche desde Asunciòn, es famoso por ser la tierra natal del Ñandutí. Las tiendas de encaje se hallan a ambos lados de la calle principal y los turistas las visitan.

He encontrado un librito de la historia de Itagua en la iglesia, en él se ha escrito que la ciudad fue construida por franciscanos y que había conventos: por fin dí con el testimonio de que el Ñanduti tiene relación con la iglesia de los franciscanos. Debería ser que las franciscanas inventaran el Ñandutí.

III. Franciscans

Another religious sect that played a great role in the evangelization of Paraguay was the Franciscans. In second half of the 16th century, a monk named Luis Bolaños completed a Guarani language dictionary in Spanish for the first time, which enabled the missionaries to preach in the Guarani language. Accordingly, Christianity penetrated more deeply into native society.

The principal difference between the Society of Jesus and the Franciscans was the attitude toward colonial societies. The Society of Jesus established their autonomies in very isolated areas and kept some distance from the colony, while by contrast, the Franciscans tried to realize mutual prosperity, having respect for colonial society.

While the Franciscans denounced the wrongful treatment of the natives as slaves at "Encomienda", the manors, they also educated the Indians so that they could work as servants at the manors. At church schools, spinning, weaving and sewing clothes were taught by the nuns to the native women for them to use.

I imagine that colonial society became increasingly prosperous, people wanted things and women longed to wear lace like those of European countries. "The Paraguay hotel" that was left in the center of the city, had the traditional and dignified colony style, where women elegantly wore Ñandutí lace clothes in colonial times.

A 40-minute drive from Asuncion takes you to Itagua, famous as the town of Nanduti lace. Lace shops line the national road. It was found out that this town had been built by Franciscans and there used to be a convent here.

I found a booklet of Itagua's history in the church, it has been written that the city was built by Franciscans and that there were convents. Finally, I gave the testimony that the Ñandutí is related to the Franciscan church. It should be that the Franciscans invented the Ñandutí.

IV. "ニャンドゥティ伝説"の秘密

　ヨーロッパから来た尼僧たちは、修道院でインディオに色々なヨーロッパのレースを教えていたと想像します。そんなある日、彼女たちはインディオからニャンドゥティ蜘蛛の話を聞き、実際に目にし、その不思議な蜘蛛の光景に感動して、自らの手で再現したいと考えたのではないでしょうか。

　ニャンドゥティ蜘蛛は太い基線を張り、それに沿って1点をつけて1段目の巣を並べて張ります。それに沿って2番目の基線を張り同じように1点をつけ2段目を作ります。これを繰り返して大きくしていきます。この様子は、まさにスペインのカサレスの"カサールの太陽"に似ています。そして、それぞれを繋げて次のモチーフを作っていく発想は、この蜘蛛の生態からインスピレーションを得たのに違いありません。

　つまり、初めは、縦糸と横糸を抜いて空間を作り、かがっていく"カサールの太陽"すなわち"レティチェラ"を考えたと思いますが、下の写真のように、空中に張られた蜘蛛の巣を見て、空中結び"プント・イン・アリア"を思い浮かべ、直接布上でレースを作り上げる発想が浮かんだのではないかと推測しました。

　支え糸を縫い付けず、直接糸を縫い付けてレースを作るという発想の転換です。

ニャンドゥ蜘蛛の巣（加藤輝代子先生撮影）
Nido de Araña Ñandu / Ñandu spider web

カサールの太陽　Soles de Casar / Casar sun
＊GONZALEZ Mena Mª Angeles, "NARRIA" estudio de arte y costumbres popular 23-24 Provincia de Caceres, UAM

グスターボ・ゴンザレスもニャンドゥティは、"蜘蛛たち"と訳されてると書いています。布上に糸を結び、織り上げる過程では、一見刺繍のように見えますが、裏から生地を切り抜くと刺繍が一瞬にしてレースに変わるこの独特の技法は、蜘蛛からインスピレーションを得て、パラグアイ独自で発展したものだったのです。

　ニャンドゥティは機械化され得ない、人間の手で作り得るニードルポイントレースの究極の技法として、レースの歴史に新しく刻まれるに違いありません。

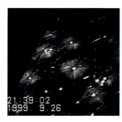

ニャンドゥ蜘蛛の巣
Nido de Araña Ñandu /
Ñandu spider web
＊加藤輝代子先生撮影

19世紀の司祭衣装（Barro博物館）
Hábito siglo XI (Museo de Barro) /
Habit 19th century Barro Museum

　「IX.スペインのレース」で前述したように、王室の庇護を受けたカサレスのサンタ・マリア・デ・グアダルーペ王立修道院では、さまざまなヨーロッパのレースが作られていたそうです。そうした知識を持った修道女たちや、フランシスコ会の女性たちが、大航海時代、大西洋を渡り南米各地に派遣されていったのでしょう。

　メキシコの修道院の歴史上、非常に有名な修道女ソル・フアナ・デル・クルスは、高貴な家柄の生まれでしたが、本を読み、学問がしたいという理由で修道院に入りました。結婚しない高貴な女性もまた、召使いを連れて修道院に入ったそうです。修道院が、貧しい階層の女子のためのものだけではなかったことを考えると、修道院の女性たちの教養のレベルの高さが窺い知れます。

　彼女たちにとって出来上がった神への貢ぎ物としてのレースはあまりに美しく思われ、自分たちの売名よりも、その美しさゆえに伝説としてニャンドゥティを永遠の神秘の世界に秘めようとしたのはないでしょうか。

　ニャンドゥティ伝説は事実だったのです。

IV. El secreto de la leyenda de "El Ñandutí".

Me imagino que las monjas y las franciscanas procedentes de varios países europeos enseñaron a las indígenas en su monasterio el encaje de Italia, de Salamantino y de Cáceres, entre otras. Algún día ellas escucharon de la telaraña del Ñandutí, la vieron y se emocionaron por su naturaleza y luego quisieron tejerla con sus propios manos.

Las arañas Ñanduti tienen una línea base gruesa y ponen los nidos de manera vertical y se los pegan a la cuerda; en seguida tienden otra cuerda para pegar los nidos primero, luego repiten la operación y así lo van extendiendo hasta hacerlo grande. Este proceso se parece al de "Soles de Casar" de Cáceres y la idea que conecta cada uno y crea el siguiente motivo debe haberse ganado la inspiración de la naturaleza de esta araña.

En otras palabras, inicialmente, pensé en el de "Soles de Casar", es decir, "Reticella" de Italia, que crea un espacio tirando de la urdimbre y la trama, pero como en la imagen de abajo, la telaraña se tiende en el aire, supuse que se pensó en "Punto in Aria" de Italia. El "punto in aria" necesita el hilo y la tela de soporte, sin nembargo el Ñandutí cose los bordes directamente a la tela y teje el motivo en el aire. Cuando se completa la forma, al salir de la pieza, se corta el forro dejando los puntos y finalmente se quita el borde, así se forma el encaje.

Es una transformación la idea de no poner cuerdas en la base de soporte, e hilos de coser directamente para hacer un encaje. Según Gustavo González, el verdadero significado del Ñandutí es "arañas".

El proceso de anudar y tejer hilos en la tela, semeja un bordado a primera vista, pero esta técnica única, en la que el bordado se convierte instantáneamente en un encaje al cortar la tela de la parte posterior, se inspira en la araña Ñandutí y fue desarrollado de forma independiente. El Ñandutí debe estar recién grabado en la historia del encaje como la última técnica del encaje con aguja que no se puede mecanizar.

Como se mencionó anteriormente en la parte IX del encaje de España y del Ñandutí se hacen varias encajes europeos en los convents en Cásares, Las monjas y las franciscanas con tal conocimiento habrían sido enviadas a varias partes de Nuevo Mundo a través del Océano Atlántico durante la Gran Navegación.

En la historia del monasterio en México, una muy famosa monja Sor Juana de la Cruz quien procedía de una familia noble, entró al monasterio porque quería leer libros y estudiar, y otras mujeres nobles que no se casaron también entraron al monasterio. Teniendo en cuenta que el monasterio no era sólo para chicas pobres, sino también el alto nivel de las mujeres quien tenían un conocimiento amplio y profundo del arte manual.

El encaje que ellas hicieron con ellas parece ser, fue demasiado hermoso como la ofrenda y querían intentar ocultar la verdad en el mundo del misterio eterno como leyenda por su belleza, más que por sus propios nombres; "La leyenda del Ñandutí era entonces verdadera".

IV. The Secret of the Legend of Ñandutí

I imagine that nuns and franciscans coming from various European countries had taught Italian lace, the circle lace of "Salamanca", Caceres lace, and some other European lacework in convents. Imagine that one day they heard about Ñandutí spiders, went to observe, then felt an emotional connection with nature and decided to make lace by themselves.

At first, Ñandutí spiders stretch a cord and first affix strands of spider silk vertically from the cord until it reaches a point, continually stretching another cord to affix on the first weave, and then repeating the operation and in that way extending the web to become bigger. This process is similar to "Soles de Casar" of Caceres, the idea of connecting each one and creating the next motif must have gained inspiration from the nature of this spider.

In other words, initially, I thought of the "Soles de Casar"—that is, the "Reticella" of iIaly, which creates a space by pulling on the warp and weft—but as in the image below, the web spreads on the air. I then thought of "Punto in aria" of Italy, but "Punto in aria" requires a support thread, while the Ñandutí sews the edges directly to the fabric and weaves the motif in the air. When the form is completed, leaving the piece, the lining is cut, leaving the stitches, and finally the edge is removed, thus forming the lace.

As you can see in the picture, the spider web was hanging in the air. In other words, it is a transformation of the idea of not sewing the supporting thread, but rather sewing the thread directly to make the lace. According to Gustavo González, the true meaning of Ñandutí is "spiders."

Ñandutí looks like embroidery because the process of stretching the thread over the cloth—and after this, taking it off the cloth by cutting—transforms it into lace. It is inspired by the Ñandutí spider and was developed independently. The art of Ñandutí is very unique and a new technique of needlepoint lace that could not be mechanized.

As mentioned above in Part IX regarding Spanish and Ñandutí lace, several types of European laces were made in the convents in Cásares. The nuns and franciscans with such knowledge would have been sent to various parts of the New World across the Atlantic Ocean during the Age of Sail.

In a monastery in Mexico lived a famous nun named Sol Juana Inés de la Cruz who entered the convent because she wanted to read and write. Women of high society who were not married must enter the convent with a servant. The convent was a shelter not only for poor women but also rich women who had a wide and deep knowledge of manual art.

The lace that they made seemed to be too beautiful, and they wanted to hide the truth in the world of eternal mystery as legend, beyond their own name. The legend of Ñandutí was then true.

V. モチーフの秘密

　最後に、なぜニャンドゥティレースのモチーフにはそれぞれ名前が付いているのかという疑問が残ります。私は初め、グァラニー語を学んだ尼僧たちやフランシスコ会の女性たちは、自然を熟知するインディオの女性たちの傍らでモチーフのデザインを考えたり、名前を付けたりして、スペイン語やレース作りを教えていたのではないかと思いました。つまり、レースは会話の手段として名前が付けられていたのだと考えていました。例えば、"甘い果物"や"ネクタイ"、"ランプ"や"子どもさらいの伝説"など、日常にかかわる名前が多く付けられています。

　しかし、私がニャンドゥティ作りにおいて最も好きな瞬間を眺めるうちに、別の考えがひらめいたのです。それは、出来上がったレースを裏生地から切り取る瞬間でした。刺繍が一瞬にして透明なレースに変わり、それはまるでステンドグラスのようなのです。

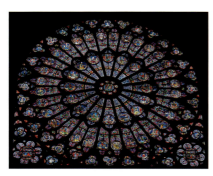

ノートルダム大聖堂のバラ窓
Rosetón de Notre Dame /
Stained glass of Notre-Dame Cathedral
Consu1961 / gettyimages

　中世ヨーロッパの教会では、ステンドグラスに聖書の物語が目に見える絵画として表されていました。当時は識字率が低く、宣教師たちが、地方の農村から都市に流れ込む文字の読めない人々にキリスト教を教えるために、ステンドグラスを利用したのです。であるならば、モチーフに名前が付けられたのは、尼僧たちが聖書の物語をインディオの女性たちに語って聞かせながらニャンドゥティを作り上げるため——そんな仮説が考えられるのではないでしょうか。

中世のヨーロッパでは、"神の国"を実現するために、より高く天を目指すように建物が建造され、ステンドグラスは、そうしたゴシック教会建築が出現することによって発展してきました。ゴシック教会建築は、旧約聖書の言葉"神は光なり"を体現するために、ステンドグラスによって作り出された神秘的な光に包まれることで、神を身近に感じる空間を作り出そうとしたのです。中世の人々は、内部から輝く宝石を高貴なものと考えていました。ステンドグラスの輝きは、この聖なる宝石の輝きに比せられることから、実際に宝石を砕いて焼き込んだともいわれています。そう思うと、ゴシック教会建築の中央に輝くステンドグラスが思い浮かびました。"ロゼッタ"、つまり"バラ窓"です。
　ロゼッタは石で囲まれた宝石の意味もあるのです。円形のバラ窓……。

　ニャンドゥティの本当の姿は、信仰の証として聖書物語を語るステンドグラスだったのではないでしょうか。モチーフの中には、キリスト教の隠語を含んでいるものがあります。例えば"ローズマリー"は"巡礼"、"魚のあばら"の魚は"キリスト"を意味するそうです。そして、私が見つけた60種類のモチーフの中で、2種類のモチーフが異なる作り方をしています。一つは"パンジー"、もう一つは"ジャスミンの花"です。"パンジー"は"三位一体"、"ジャスミンの花"は"聖母マリア"を表しています。マリア信仰が根強い中南米だからこそと思われます。

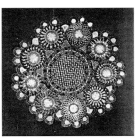

ニャンドゥティ
Ñandutí
＊PLA Josefina, GONZALEZ Gustavo, "PARAGUAY el Ñandutí", cuaderno de divulgación, museo paraguayo de arte contemporáneo, 1983

　ヨーロッパから遥か大西洋を隔てた新大陸で、密林に覆われていたであろうかの地で、尼僧たちやフランシスコ会の女性たちは死の恐怖と戦いながらキリスト教を宣教していました。そんな何もない無の状況であったからこそ、脳裏に焼きついた壮麗なゴシック教会の美しいバラ窓を想い、憧れ、希求した末にニャンドゥティを作り上げ、そして、神に感謝し、出来上がった作品を前に至福の世界に浸ったのではないでしょうか……。

V. El secreto de los motivos de "El Ñandutí"

Al final me quedo con la pregunta del porqué los motivos de Ñandutí tienen sus propios nombres.

Al principio, yo creía que las monjas pensaban en los diseños y nombres de los motivos junto con los guaraníes, quienes eran buenos concedores de la naturaleza, les enseñaron a hacer los encajes y compartían el aprendizaje mutuo de la lengua materna: guaraní-español y viceversa. O sea era necesario dar nombres al encaje para comunicarse, porque existían motivos que tenían nombres como "Frutas dulces", "Corbata" y "Leyenda que cuenta del robo de niños" relacionados con la vida diaria.

Sin embargo después, cuando miré el mejor momento para hacer el Ñandutí, otra idea se me vino a la mente. En el momento de cortar el encaje final por el revés del bastidor, parece éste increíble ver, como el bordado se convierte en un encaje en un abrir y cerrar de ojos.

Se podría equiparar, la iglesia medieval europea donde los monjes mostraron la historia de la Biblia a través de las vidrieras para cristianizar a la gente que "emigraba" de las zonas rurales a las grandes ciudades con el trabajo. Las monjas en Paraguay con la enseñanza de "El Ñandutí" al mismo tiempo que cristianizaran a los indigenas.

En la Europa medieval, las iglesias se construyeron para apuntar más alto en el cielo para realizar "el país de Dios" y las vidrieras se han desarrollado con la aparición de las iglesias góticas. La arquitectura gótica de la iglesia intentó crear un propio espacio que acercaba a Dios al envolverse en la luz misteriosa creada por las vidrieras para encarnar el lenguaje del Antiguo Testamento "Dios es luz".

La gente de la Edad Media pensaba que las gemas brillantes del interior significaba nobleza. Se dice que el resplandor de las vidrieras se compara con el resplandor de una joya sagrada. Una vez más se me ocurrió, comparar una vidriera que brillaba en el centro de la arquitectura gótica de la iglesia: "Rosetta", "Rose window", porque La Rosetta tiene el significado de joya.

La verdadera figura de Ñandutí es un vitral que cuenta la historia de la Biblia como una prueba de fé ¿No es un rosetón? En realidad, según las colecciones literarias cristianas, entre los 60 tipos de motivos que encontré, el motivo "romero" significa "peregrinación" y el de "Costilla de pescado", el pescado significa "Jesús Cristo" y especialmente dos tipos de motivos se hacen de manera diferente. Uno es "Pensamiento" y el otro es "Flor de jazmín". "Pensamiento" significa "Trinidad" y "Flor de jazmín", "Virgen María", debido a que en América Latina, la fé en María es muy fuerte.

En el Nuevo Continente, lejos del Océano Atlántico de Europa, en la tierra que habría estado cubierta de jungla, las monjas y las franciscanas predicaban el cristianismo mientras luchaban contra el miedo a la muerte y pensaban en el hermoso rosetón de la magnífica iglesia gótica quemada en sus mentes, anhelaran e hicieran el Ñandutí al final de su búsqueda y luego extasiadas, agradecieran al creador por sus trabajos culminados.

V. Secret of the Motifs of Ñandutí Lace

There is one question as to why Ñandutí's motifs each have a name of their own. At first, I think that the nuns thought of the designs and names of the motifs together with the Guarani, the natives with great knowledge of nature, as they taught them how to make lace and shared the mutual learning of their mother tongues: Guaraní-Spanish and vice versa. It was necessary to give names to the lace to communicate, as can be seen in names such as "sweet fruits", "tie", and "legend of kidnapped children" related to daily life.

My favorite moment is when the lace separates from the base. I think the idea is brilliant: Ñanduti transforms embroidery to lace in a second, as occurs with stained glass.

In the Middle Ages, monks and nuns, who were repositories of knowledge, taught Christianity to people who arrived in the city from the country side. Because of illiteracy, they thought that stained glass was valued as a picture which could present the history of the Bible. Nuns needed to teach the history of the Bible to natives for their evangelization, putting names to each motif.

Stained glass developed in the Middle Ages as part of the Gothic architecture of churches, whose high towers spiralled up to heaven at a time when stained glass in the wall displayed the world of God. The Gothic architecture of churches tried to make people feel the presence of God in the same way that a mysterious ray of light passed through stained glass. Put into context of an ancient testament, "God is a ray of light". Then, in the Middle Ages, people thought that jewels were precious as a source of brilliance itself. It was said stained glass was created in imitation of gems, because it had a brilliance like them. I saw a window of Gothic architecture, in which was found a "roseta".

This was an arrangement of jewels in a circle of stained glass. The true image of Ñanduti is in stained glass which is related to the history of the Bible. The "roseta" is proof of belief.

Actually, there are Christian terms used among the sixty types of motifs that I found. The motif "rosemary" means "pilgrimage" and that of the "rip of fish", fish means "Jesus Christ". I also found two types of motifs that are different. One is the "pansy" and the other is the "jasmine flower". "Pansy" means "trinity", and "flower of jasmine" means "Virgin Mary", because in Latin America, faith in Mary is very strong.

Nuns and franciscans had arrived from Europe to America by crossing the Atlantic Ocean. They dedicated themselves to evangelization, contended with the fear of death in a tropical jungle in a world where nothing that they knew existed. Nuns had the imagination and desire to be the concept of the "Roseta" of that magnificent Gothic church which remained in their mind. They were ecstatic to make Ñandutí lace and thanked the creator for the culmination of their work.

VI. ニャンドゥティとは……

　21世紀まであと数年という頃、日本から地球の反対側の国パラグアイに私は住みました。それはストロエスネル大統領の軍政が終わり十数年経った頃で、穏やかな日々の生活でしたが、30年以上にわたる軍政によって閉ざされた国であった面影が残っており、日本から来た私にとっては、刺激のない無の世界におかれたようなイメージでした。

　そんな中で、この世界を光あるものに導いてくれるかけがえのないものとして私の前に現れたのが、ニャンドゥティでした。

　パラグアイで生まれたこの不思議なレースは、19世紀ブラジル・アルゼンチン、ウルグアイとの三国同盟戦争に敗戦し、国土を失い、壊滅的な被害を受ける中、女性たちが工芸品として生産し、輸出することによって外貨を稼ぎ、国の復興に大きく貢献した手工芸品です。軍政の間も、伝説と共に、グァラニー族の血を引く温厚で忍耐強く、器用な女性たちによって大切に伝え、作り続けられました。そして、今日、パラグアイの自然・文化遺産として登録されるようになりました。

　20年という長い間、私の心をとらえて離さなかったニャンドゥティの魅力とは、ニードルポイントレースという、一本の縫い針という単純な道具を使って、人が作り上げてきたレースという英知の結晶だったからにほかなりません。遥か海を渡り、自らの夢に命を捧げた女性たちが作り上げたこのレースは、大航海時代、新大陸で生まれた、ヨーロッパのレースに匹敵、それ以上の可能性を秘めたニードルポイントレースであり、世界文化歴史遺産となるべき中南米の宝だと私は考えます。

　ガルシア・マルケスの「100年の孤独」のような、過去と現在が交錯する南米文学の舞台のような、ミステリアスな雰囲気を持ったこの国で生まれたニャンドゥティには、パラグアイの歴史風土と、機械では作り得ない手仕事の素晴らしさが秘められています。そして、南米の地で密やかに生まれたこのレース

を光り輝く世界へといざなうために、私は精霊たちに導かれたのかもしれません。
　自らの信じる夢に命を捧げた、名もなき女性たちの命の結晶であるニャンドゥティに、一筋の光が注がれんために……。

絹糸で作られた結婚式用のレースのハンカチ　イタグア　19世紀
"カルロスコロンビアーノ" コレクション
モチーフ：ジャスミンの花　魚のあばら　サフランの花
Pañuelod de boda realizada en hilo de seda Itaguá siglo XIX,
Colección "Carlos Colombiano"
Motivos:Flor de Jasmin, Costilla de pescado y Flor de azafrán. /
Wedding handkerchief made in silk thread, Iauguá,19th century,
Collection "Carlos Colombiano"
Motifs: Jasmin flower, fish costa and saffron flower
＊PLA Josefina, GONZALEZ Gustavo, "PARAGUAY el Ñandutí", cuaderno de divulgación, museo paraguayo de arte contemporáneo,1983

VI. ¿Que sea el Ñandutí ?

Hace unos años, antes de llegar el siglo XXI, cuando viví en Paraguay, ubicado al otro lade de mi tierra, Japón, diez años después de acabar la época del régimen militar de Alfred Stroessner, se respiraba un aire más tranquilo; que se hizo "mi aire"; indispensable hasta hoy para mí vida. Sin embargo, en Paraguay, todavía quedan vestigios de la dictadura que duró más de 30años, lo que me hizo sentir que me había instalado en un mundo monótono y un poco "vacío" comparado con el de mi país, pero por arte de magía en ese momento apareció el Ñandutí ante mis ojos y me atrapó en su mundo lleno de hechizo y encanto.

El Ñandutí, el encaje misterioso, nació en el Parguay, cuando Paraguay perdió su territorio y fue devastada tras la derrota de la guerra de la Triple Alianza con Brasil, Uruguay y Argentina, las mujeres contribuyeron a la recuperación de su país haciendo las artesanías para exportarlos y ganar la moneda extranjera.

Durante el epoca del régimen militar, las paraguayas quienes tienen el sangre guaraní son mansos, pasientes y hábiles, transmitiendo el Ñandutí haciendo. Hoy en dia se ha registrado como "el patrimonio natural y cultural del Paraguay".

Ahora pienso en el encanto del Ñandutí, que me ha atrapado por tan largo tiempo, veinte años como fruto de sabiduría del ser humano, quien lo trabajó con sus manos y solo una aguja de coser.

Las mujeres que cruzaron el océano y dedicaron sus vidas, inventaron el encaje del "Ñandutí" que tiene el posibilidad del mismo nivel del europeos o más como encaje con aguja nacido en era de navegación. Sin duda debería ser considerado un tesoro de latinoamerica como patrimonio histórico y cultural en el mundo.

El Paraguay es un país con un ambiente misterioso, parece una escena de la literatura latinoamericana, del realismo mágico donde el pasado y el presente se entrecruzan y se mezcla la fantasía con la realidad como el libro de "100 años de Soledad" de Garcia Marques.

El Ñandutí tiene el clima de la historia paraguaya y el esplendor de la artesanía 100% elaborada a mano. Creo que los espíritus me encaminaron a dar a conocer el Ñandutí, a sacarlo a la luz del mundo.

Deseo que un rayo de Dios ilumine al Ñandutí, donde cristalizan las acciones de miles de mujeres anónimas que arriesgaron sus vidas por los sueños en los que creyeron.

VI. What is Ñandutí ?

A few years before the arrival of the 21st century, I lived in Paraguay, located in another part of the Earth from Japan. There, it was ten years after the end of the military government that closed the country. My life was quiet yet, in the city there were still vestiges of the dictatorship that had lasted more than thirty years. I felt that it installed me a vacuum world compared to my life in Japan. That moment appeared before my eyes, Ñandutí would take me into its world with charm.

Ñandutí, this mysterious lace, was born in Paraguay. When Paraguay was defeated in the War of triple Aliance against Brazil, Uruguay and Argentina, lost part of her land, and suffered devastating damage, this marvelous lace originating in Paraguay contributed to the reconstruction of the national economy. Women made the lace, exported it and earned foreign currency. However in this country, where the military government of Alfredo Stroessner had been established for thirty years until several decades ago, women of Paraguay who has guarani blood is gentle, patient and skillful, was going to make and transmit Ñandutí as a precious lace.

Even today this Ñandutí technique is impossible to mechanize, and it has seen its value discovered, so much so that it was designated "the natural and cultural heritage of Paraguay".

Now I think of the charm of Ñandutí, which has ensnared me for twenty long years as the result of human being wisdom, worked into existence with human hands and a sewing needle.

The women who crossed the ocean and dedicated their lives to dream, invented this technique of "Ñandutí" needle point lace that is possible the same level or more like the needle point lace in Europa and should undoubtedly be considered a treasure of all Latin America and the historical and cultural heritage in the world.

Paraguay is a mysterious country, where the present is mixed with the past in which is hidden the history and nature of the New World like a book "100 años de soledad (the solitude of 100 years)" by Mr.Garcia Marques.

I think that the sprits led me to want to know about Ñandutí, revealing its brilliant light.

I pray that a ray of light from God will shine upon Ñandutí, which will enshrine the actions of the anonymous women who endangered their lives for their dream.

おわりに

この本の出版にあたり以下の皆様に心から感謝の意を表します。
今は亡き元上智大学学長　ヨゼフ・ピタウ大司教
メキシコ大学院大学　コレヒヨ・デ・メヒコのオスカル・マシン教授
テネリーフェ歴史・人類学博物館のフアン・デ・クルス・ロドリゲス氏
日本蜘蛛学会会員　加藤輝代子先生
出版のきっかけを作ってくれた　石橋夫妻

最後に、わが愛する家族　夫と二人の息子たちに愛をこめて。

Me gustaría expresar mi sincera gratitud a todos los que contribuyeron em mi publicación de este libro.
Al Arzobispo José Pittau,S.J. Antiguo presidente de la Universidad Sofia
Al Profesor Óscar Mazín. Colegio de México
Al Sr. Juan de la Cruz Rodriguez. Museo de Historia y Antropología de Tenelife
A la Sra.Kioko Kato. miembro de la Asociación de Araña de Japón
A los Sr. y Sra Ishibashi quienes fueron los intermedianos para que se publicara mi libro.

Finalmente, a mi amoroso esposo SATOSHI y a mis dos hijos TOSHIA, NAOTO.

I would like to express my sincere gratitude to all those who contributed to my publication of this book.
To Archbishop Joseph Pittau,SJ. Former president Sophia University
To Professor Óscar Mazín. College of Mexico
To Mr.Juan de la Cruz Rodriguez. Tenelife History and Anthropology Museum
To Mrs.Kioko Kato. member of the Spider Association of Japan
To Mr. and Mrs. Ishibashi, who were the intermediaries for my book to be published.

Finally, to my loving husband SATOSHI and my two children TOSHIA and NAOTO.

文献目録　Bibliografía / Bibliography

- アン・クラーツ　レース　歴史とデザイン(1989/04/13)
- 加藤輝代子　ニャンドゥティグモParawixia bistriata について(1999/07/01)
- 小林一宏　第1章　宣教・学校・ユートピア
  ―ヌエバ・イスパーニャにおける"魂の征服"(1982/05/15)
- 佐藤達生・木俣元一　大聖堂物語　ゴシックの建築と美術(2000/07/21)
- 佐野泰彦　第2章　ポンバル侯とイエズス会　ポルトガル宰相没後200周年に寄せ
- 視覚デザイン研究所　ヨーロッパの文様事典(2000/01/20)
- 帝国書院　総合新世界史図説(2005/05)
- 中森義宗　キリスト教シンボル図典　世界美術双書(1993/12)
- (財)日本繊維意匠センター　レースの歴史とデザイン　1962年5月25日
- 二村久則　コロンビアを知るための60章(2011. 6.30)
- 増田義朗・山田睦男　ラテン・アメリカ史 メキシコ・中央アメリカ・カリブ海(1999/08/20)
- BELANGER GRAFTON Carol, "*Pictorial Archive of LACE DESIGNS*", October 1 1989
- DURÁN ESTRAGO Margarita, "*Las reducciones franciscanas del Paraguay. Perspectiva histórica*". 1987
- GONZÁLEZ Mena Ma Angeles, RAMOS Muños, Ma Pilar: "*Artes textiles Caanarias: NARRIA estudio de artes y costumbres populares*", 18 ISLA DE GRAN CANARIA: UAM,
- GONZÁLEZ Mena Ma Angeles, "*NARRIA*" estudio de artes y costumbres popular 23-24" Provincia de Caceres. UAM,
- MARIA Powys, "*Lace and lace making*", 12/03/2002
- MARTINEZ BARACAS Andrea, "*HISTORIA de MEXICO*" ed. Trillas. 2008
- Organization of American Women (Living in Paraguay), "*Paraguay Land of Lace and Legend*" An informal guide to Paraguay. 1983
- NECKER Louis, "*Indios guaranís y chamanes Franciscanos: las primeras reducciones del Paraguay*", 1580-1800, Asunci:on, Centro de Estudios Antropología Universidad Catoloca, 1990
- ORTEGA Luis, "*Artesanía Canaria*", El País Aguilar, Madrid, 1993
- PIERRE Chaunu, "*Conquiata y explotación de los nuevos mundo sigloXVI*", Barcelona, Labor,1973
- PLÃ Josefina, GONZÁLEZ Gustavo, "*PARAGUAY : el Ñanduti*", cuadernos de divulgación, museo paraguayo de arte contemporaneo. 1983
- TALAVERA Jorge, "*Paraguay Ñsne reta*", Fundación en Alianza, Feverero de 1998
- TOMAN Ralf, "*EL GOTICO*", Ullmann&Konemann , 2007

私がニャンドゥティと共に歩んできた道：
作品集

Mi andar con el Ñandutí; mis recreaciónes
My Road with Ñandutí; My Recreations

ニャンドゥティへの扉

ニャンドゥティの資料は、アスンシオン大学の図書館で見つけたホセフィナ・プラとグスタボ・ゴンザレスの冊子のみでした。そんなとき、アメリカ大使館で1983年に出版された『Paraguay: Land of lace and legend』を手に入れました。この本は1958年が初版で、そこにはグァラニー語、スペイン語、英語で翻訳されたニャンドゥティの60種類のモチーフが載っており、それらを再現したいと思ったことが作品を作り始めるきっかけになりました。

La puerta al Ñandutí

Un material sobre el ñandutí fue sólo el libro de Josefina Plá y Gustavo González encontrados en la biblioteca de la Universidad de Asunción. En ese momento, obtuve el libro: "Paraguay: Land of lace and legend" publicado en 1983 en la Embajada de los Estados Unidos, en el cual hay 60 motivos diferentes que fueron traducidos al guaraní, español e inglés. Esto libro fue mi motivación para reproducir y tejer el ñandutí.

The Door to Ñandutí

A material about Ñandutí was only the book by Josefina Plá and Gustavo González, which I found in the library of the University of Asunción. At that time, I obtained the book Paraguay: Land of Lace and Legend published in 1983 in the Embassy of the United States, in which there are 60 different motifs that were translated into Guaraní, Spanish and English, this book was my motivation for weave Ñandutí.

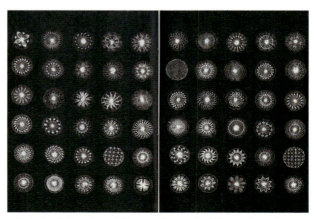

*Las Amigas Norteamericanas del Paraguay, "Paraguay: Land of Lace and Legend"
 - An informal guide to Paraguay. 1983

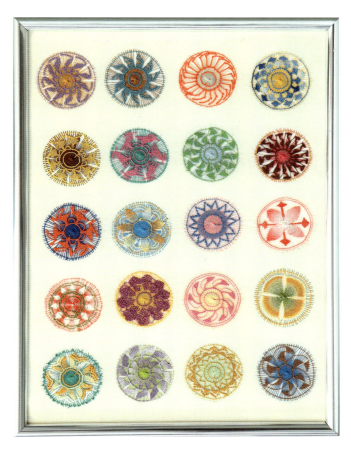

さそり／牛のひずめ／魚のあばら／ニャンドゥグモの群れ
家畜のダニ／鷺／子供さらいの伝説／小さな長い脚の鳥
小鳥／カタツムリ／蜘蛛の布／ジャスミンの花
アザミ／ダチョウ／インコの口ばし／パンジー
牛の足あと／羊の群れ／蟻塚／小さなちょう結び

Alacrán / Pezuña de buey / Costilla de pescado / Grupo de arañas
Garrapatas del Ganado / Garza mora / Leyenda que cuenta del robo de niños / Pequeña ave zancuda
Pajarito / Caracol / Tela de araña / Flor de Jazmín
Abrojo / Avestruz / Pico de cotorra / Pensamiento
Pisada de vaca / Rebaño de ovejas / Hormiguero / Moñito

Scorpion / Ox's hoof / Fish ribs / Groups of spiders
Cattle rick / Moorish stork / Legend of kidnapped children / Small long-legged bird
Small bird / Snail / Spider's web / Jasmine flower
Thistle / Ostrich / Parrot's beak / Pansy flower
Cow's footprints / Flock of sheep / Anthill / Small bow

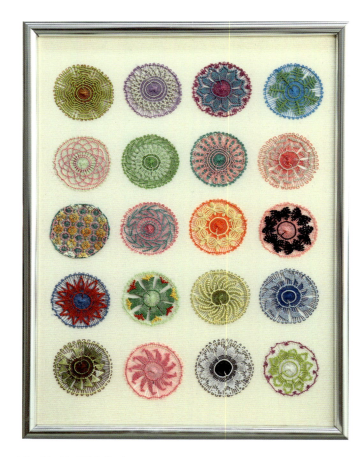

小枝／折れ線／蟻塚／椰子
まつ毛／ローズマリーと祭壇／ネクタイ／稲穂
グァジャバの16個の花／ローズマリーの枝／甘いフルーツとネクタイ／蜘蛛
小さなランプ／花びん／山羊のシッポ／甘いチパ(お菓子)
子どもさらいの伝説／狐のシッポ／頑丈な蟻塚／小さなかご

Palito / Curva pequeña / Hormiguero / Palmera
Cejas / Ramo de romero y altares / Corbatitas / Espiga de arroz
16Flores de guayabo / Roma de romero / Frutas muy dulce y corbatas / Araña
Farolito / Florero / Cola de cabra / Chípa dulce
Leyenda que cuenta del robo de niños / Cola de zorro / Hormigueros trabados / Canastillas

Small sticks / Small curve / Anthill / Palm tree
Eyebrows / Rosemary and altars / Small neckties / Tassels of rice
16 guava flowers / Branch of rosemary / Very sweet berries and neckties / Spiders
Small lantern / Flower vase / Goat's tail / Sweet chipa (a bread)
Legend of kidnapped children / Fox's tail / Joined anthills / Small basket

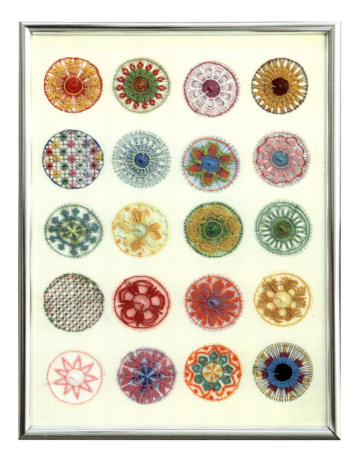

十字架の奇跡／小さなランプ／パッションフルーツの花／小さなクラッカー
サフランの花／アザミの雑草／トウモロコシ畑の蟻塚／壁がんと祭壇
へその形のオオバコ／マルガリータ／ココの花／木の切り株
金飾り／甘い果物／触るとくっつく小さな灌木の花／トウモロコシの花
祭壇の先頭／甘いチパ（お菓子）／小さなカゴ／小さな丘

Milagro de una crúz / Farolito / Flor de pasionaria / Galletita
Flor de azafrán / Maleza / Hormigueroen maizal / Nichos y altares
Llantén con forma de ombligo / Flor de margarita / Flor de coco / Cañota
Filigrana / Frutas muy dulces / Pequeño arbusto cuya flor se adhiere a lo que lo toca / Flor de maíz
Cabeza de nicho / Chípa dulce / Canastilla / Cerrito

Miracle of the Cross / Small lantern / Passionflower / Small cracker
Saffron flower / Thistle / Anthill in corn field / Niches and altars
Navel-shaped plantain / Daisy flower / Coco flower / Thistle
Filigree / Small sweet berries / Small bush whose flower sticks to whatever touches it / Corn flower
Head of altar / Sweet chipa / Small baskets / Small hill

Mi andar con el Ñandutíñ; mis recreaciónes / My Road with Ñandutí; My Recreations 87

カラフルな糸を使いモチーフ"パンジー"の作品を作り上げたとき、刺繍のようなパンジーを浮き立たせるためにモチーフ"サフランの花"を使いました。このことがきっかけで、"サフランの花"は繋ぎの役割を果たす重要なモチーフであることがわかりました。

Para crear el motivo "Pensamiento", utilicé hilos de colores y me basé en el motivo "Flor de azafrán" para grabar en relieve pensamientos como el bordado. Esto resultó por el hecho de que la "flor de azafrán" es un motivo importante que desempeña el papel de atadura.

To create the "Pansy" motif, I used colored threads and relied on the "Saffron Flower" motif to emboss thoughts such as embroidery. This resulted from the fact that the "saffron flower" is an important motif that plays the role of the tie.

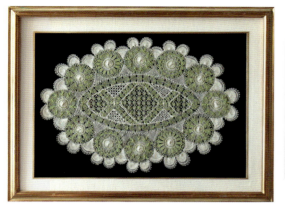
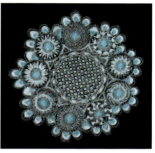

ホセフィナ・プラとグスタボ・ゴンザレス著『パラグアイ：ニャンドゥティ』に掲載された古いニャンドゥティレースを再現した作品です。

Estos son los trabajos que reproducen los antiguos encajes del Ñandutí, los cuales están en el libro "Paraguay: el Ñanduti", escrito por Josefina Plá y Gustavo González.

These are works that reproduce the ancient lace of Ñandutí, as found in the book Paraguay: el Ñanduti, written by Josefina Plá and Gustavo González.

ベネズエラのマラカイボに伝わるネットレースのモチーフをニャンドゥティで表した作品です。ニャンドゥティレースはカラフルなレースでした。それからレース刺繍というイメージが浮かび、多様な色を自在に扱う日本刺繍をレースで表現することに挑戦し始めました。

El motivo del encaje de red de Maracaibo en Venezuela es reproducido por el Ñandutí.
El encaje del Ñandutí era un encaje colorido. Con esa experiencia, surgió la imagen del encaje de bordado, y comencé a desafiar la expresión del bordado japonés por el de Ñandutí que manejaba libremente varios colores..

The motif of the net lace of Maracaibo in Venezuela is recreated by way of Ñandutí.
The Ñandutí lace was a colorful lace. With that experience, the image of embroidery lace arose, and I began to attempt an expression of Japanese embroidery through Ñandutí that freely handled various colors.

束ね熨斗
Tabanenoshi

お雛様
Ohinasama

御所車　Goshoguruma
Diseño de la famila real / Real family design

手毬扇　Temari-oogui
Abanico de Talisma / Fan of Talisma

鳳凰　Ho-ou

外国風の作品としてXmasを題材に
作った作品です。
Estos son los trabajos del tema de Navidad /
These are works with a Christmas theme

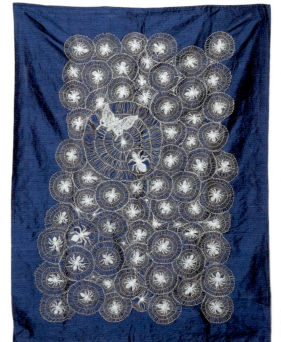

ニャンドゥティ蜘蛛の世界
El mundo de la Araña Ñandutí /
Ñandutí spider's world

　亡くなられた作家向田邦子さんが働いていらっしゃった出版社「雄鶏社」が、2006年に60
周年を記念して高輪プリンスホテルで「素晴らしき刺繍の世界」というイベントを開催しました。
その作品展に招待していただき出品した作品です。この作品を機に次に表現する私の世界を模索
し始めました。

　　　La editora especializada en artesanía "Ondorisha", en donde trabajó la famosa escritora fallecida, la
　　señora. Kuniko Mukouda, realizó la exposición: "El mundo de los maravillosos bordados" en el Hotel
　　Prince Takanawa para celebrar el 60 ° aniversario en el 2006. Este fue mi trabajo al que fuí invitada.
　　Aquí empecé a explorar mi mundo que expresaré a continuación con el Ñandutí.

　　　The craft-specialized publisher Ondorisha, where the deceased author Kuniko Mukouda once
　　worked, held an exhibition called "The Wonderful World of Embroidery" at the Takanawa Prince
　　Hotel to celebrate their 60th anniversary in 2006. This is my work that was invited to that
　　exhibition. On this occasion, I began to explore the world that I wanted to express next through
　　Ñandutí.

新しい表現
Mi nueva expresión / My New Expression

　ニャンドゥティはゴシック教会のステンドグラスを再現したと考えられ、特にその中心を飾るバラ窓（ロゼッタ）を表現したいと思いました。ステンドグラスには宝石も使われていたことから、華やかさを表現するためにビーズを使うことを思いつき、私の新しい表現方法となりました。

　Se cree que el Ñandutí reprodujo la vidriera de la iglesia gótica por ello quise expresar el rosetón que adorna el centro. Como las vidrieras usaban joyas, se me ocurrió la idea de usar chaquiras para expresar la magnificencia y se convirtió en mi nueva forma de expresarme.

　It is believed that Ñandutí reproduced the stained-glass windows of the Gothic church and wanted to express the rose window (rosette) that adorns the center. As the stained-glass windows often used jewelry, it occurred to me to use beads to express to achieve a similarly dazzling effect, and it became my new style.

チャイナポーセリンを習った経験から、
オランダデルフト模様を表現しました。
De la experiencia de aprender porcelana china,
expresé el patrón holandés "Delft". /
From the experience of learning Chinese porcelain,
I expressed the Dutch pattern of Delft.

ゴシック教会のバラ窓を意識してプリマヴェーラ・春を表現した作品です。
Esta es una obra que expresa, la Primavera imaginando el rosetón de la iglesia gótica. /
It is a work that expresses spring imagining the rosette of the Gothic church.

ビーズを使いフランス風のイメージで可愛らしいバラ窓を作ってみました。
Aquí traté de hacer la Rosetón encantadora con una imagen de estilo francés usando adornos. /
Here I tried to make a lovely Rosetta with a French-style image using beads.

古代ギリシアのコリント式柱頭装飾に用いられた植物アカンサス模様が題材です。
El tema es el patrón de acanto de la planta utilizado para
la decoración del estigma griego antiguo corinto. /
The theme is the acanthus pattern of the plant used to
decorate the ancient Greek Corinthian capital.

テワナ風バラ窓
Rosetas al estilo Tehuana /
Rosettes style of Tehuana

　メキシコに滞在中、南部の手工芸の宝庫オアハカ(Oaxaca)地方を訪れました。今やメキシコの代表的な民族衣装として有名なイツモのテワンテペック地域のテワナ(Tehuana)衣装を見る機会がありました。
　黒いビロード地にグラデーションでカラフルな刺繍がされていました。今では夫の国民的画家カルロス・リベラより人気がある画家フリーダ・カーロが身に着けていたことでも有名です。テワナ刺繍をイメージして作ったロゼッタです。

　Durante mi estadía en México, visité la región de Oaxaca que es el tesoro artesanal del sur. Tuve la oportunidad de ver el disfraz de Tehuana en el área de Tehuantepec de Ittsumo. Es muy famoso en México su traje popular representativo que es un bordado colorido con una gradación en un suelo de terciopelo negro. La pintora Frida Kalo, hoy más famosa que su esposo, el pintor nacional, Carlos Rivera, la vistió y la hizo famosa. Es el trabajo hecho por la imagen del bordado Tehuana.

　During my stay in Mexico, I visited the Oaxaca region which is an area of artisanal treasure in the south. I had the opportunity to see the Tehuana costume in the Ittsumo Tehuantepec, which was a colorful embroidery with a gradation on a black velvet floor that is famous in Mexico. The popular painter Frida Kahlo—who now is more famous than her husband, national painter Carlos Rivera—made it famous by dressing herself in it. The work was created in the image of Tehuana embroidery.

テワナ風バラ窓
Rosetón al estilo Tehuana /
Rosette style of Tehuana

メスペインで盛んだった黒糸を使って繁栄をもたらすイチジクを表現してみました。

Aquí traté de expresar una figura de higo que trae prosperidad con el hilo negro que era popular en España.

I tried to express a fig figure that brings prosperity with the black thread that was popular in Spain.

筆者撮影
2011年　オアハカ

　毎年7月に開かれる奉納を意味するお祭り「ゲラゲッツア」は、メキシコのオアハカ地方の7地域から特色のある衣装を身に着けて踊りを披露する祭典で、町中でパレードが繰り広げられ、お祭りムード一色です。なかでもテワナ刺繍の衣装は、その豪華さで祭りの華です。私のインスピレーションの源です。

　El festival "Guelaguetza", que significa dedicación, se celebra en julio de cada año, es un festival que lleva trajes especiales de siete zonas de la región de Oaxaca, México. El baile y el desfile se toman la ciudad. Entre toda se destacan los trajes bordados con flores de Tehuana por su lujo y laboriosidad que fueron mi fuente de inspiración.

　The "Guelaguetza" festival, which means dedication, is celebrated in July of each year. It is a festival that takes special costumes from the seven areas of the region of Oaxaca, Mexico. A dance and parade take place in the city. Among all the costumes, those embroidered with Tehuana flowers stand out for their luxury and industriousness, and these were my source of inspiration.

ブラジルのサンパウロには、世界最大の日系社会が存在します。ニャンドゥティを作り続け、たどりついたのは、日本の伝統的な着物を作ることでした。ニャンドゥティの可能性を表現したいと思い作り上げた渾身の着物タペストリーです。

Por último, en Sao Paulo, Brasil, existe la sociedad de los descendentes Japonéses más grande del mundo. Fue para hacer el kimono tradicional japonés que seguí haciendo el Ñandutí. Es un tapiz de kimono que quería expresar las posibilidades de Ñandutí con toda fuerza.

Lastly, in Sao Paulo, Brazil, there is the largest society of people of Japanese descent in the world. It was to arrive at and make the traditional Japanese kimono that I continued weaving the Ñandutí. It is a tapestry of kimono through which I wanted to express the possibilities of Ñandutí with all my strength.

付録

マスターコース

（ニャンドゥティ教師を目指す方）の課題作品「四季」の作り方

Pautas, último nivel:profesional / Guideline, finest level: profession

課題「四季」（スカーフあるいはテーブル用）

長さ ■1.45m　幅18cm
材料 ■オリムパス　レース糸金票　40番　100g
　　　フランス刺しゅう針　No3〜6（クローバー）
　　　　*ベースを刺す
　　　クロスステッチ針　4サイズ取り合わせ（藤久）
　　　　*模様を刺す
　　　リネンの布　2m
　　　刺繍枠、キルティングフープ、木枠のいずれか　直径30cm
　　　糊　市販の洗濯糊

Obra: Cuatro estaciones (para pañuelo o camino de la mesa)
Largo: 1,45m　Ancho:18cm
Materiales: Hilo de encaje No40, 100g
　　　　　　Aguja No3~6 para bordado (base) y aguja No3~6 para
　　　　　　Punto de cruz(diseño)
　　　　　　Tela 2metros de lienzo
　　　　　　Bastidor para bordado o bastidor de acolchado o bastidor
　　　　　　cuadrado de 30cm de diámetro

Work: Four season
Length: 1,45cm wide: 18cm
Material: Thread de lace No40,100g, needle No3~6 for lacework(base)
　　　　　and needle of cross dot No3~6(design), cloth: 2m of linen, frame
　　　　　or stretcher or square frame of 30cm of diameter

全体図　Gráfico compreto

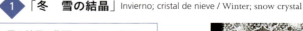

冬雪	秋枯葉	夏蝶	春桜	夏蝶	秋枯葉	冬雪
Invierno	Otoño	Verano	Primavera	Verano	Otoño	Invierno
Winter	Autumn	Summer	Spring	Summer	Autumn	Winter

作り方　proceso de elaboración / Process of production

1　「冬　雪の結晶」Invierno; cristal de nieve / Winter; snow crystal

雪の結晶の作図　縦21cm　横18cm
Grágico: largo 21cm ancho 18cm /
Grfic: length 21cm wide 18cm

6角形　直径7cm
Hexágono 7cm de
diametro /
Hexagon 7cm of
diameter

雪の結晶のモチーフの作り方　Manera de hacer motivo de cristal / How to make crystal motif

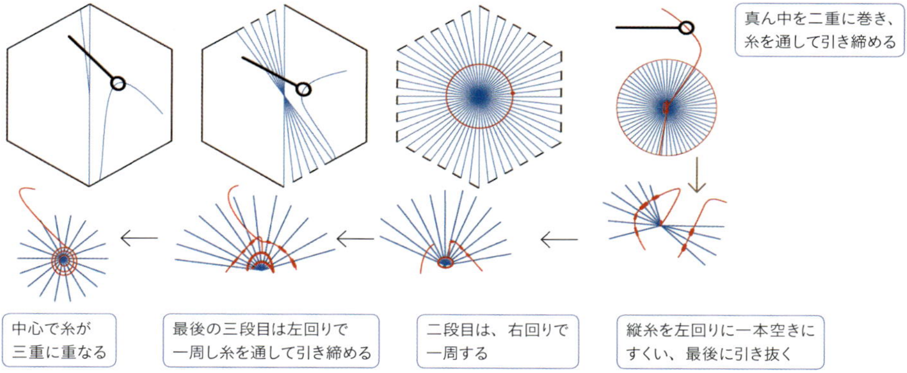

真ん中を二重に巻き、糸を通して引き締める

中心で糸が三重に重なる

最後の三段目は左回りで一周し糸を通して引き締める

二段目は、右回りで一周する

縦糸を左回りに一本空きにすくい、最後に引き抜く

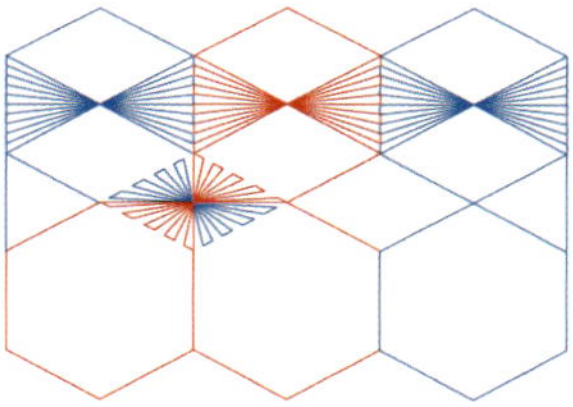

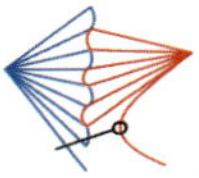

雪の結晶のモチーフの作り方
Orden de hacer motivos y unirlos / Order of make motifs and joint

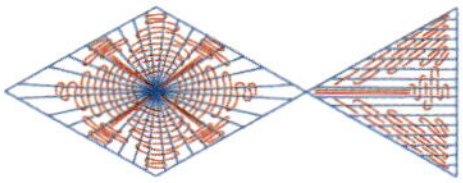

ジャスミンの花のモチーフを繋ぐ
Orden de hacer motivos y unirlos / Order of make motifs and joint

結び目（プント）の仕方
Punto Nudo / knots

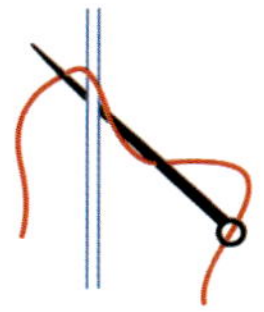

結び目拡大図

雪の結晶プントの位置
Posición de puntos nudos / position of knotss

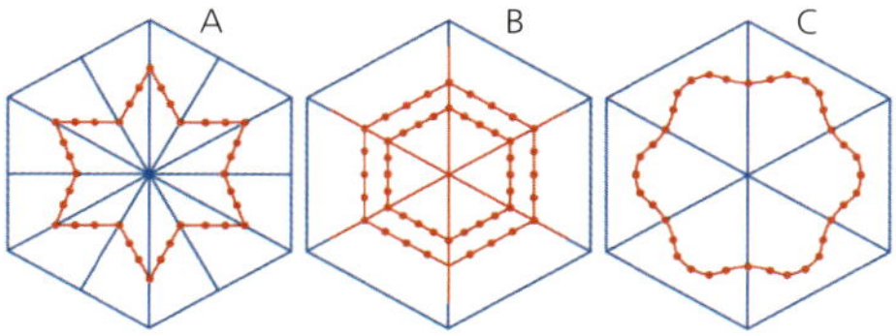

A　B　C

雪の結晶のビーズを入れる位置　Posición de chaquiras / Position of beases

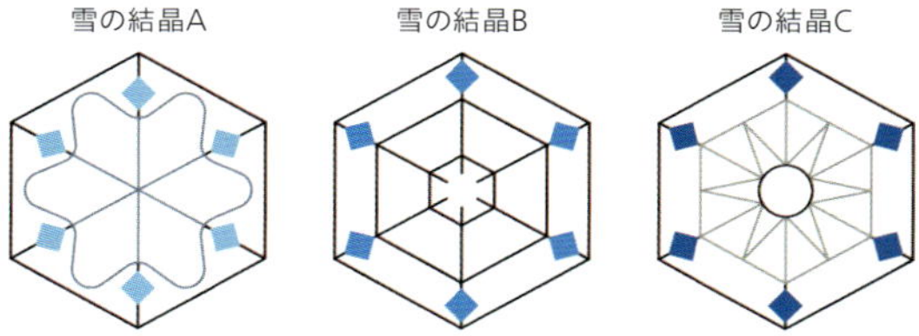

雪の結晶A　雪の結晶B　雪の結晶C

竹ビーズ銀

スワロフスキー

最後に、出来上がった「雪の結晶」のレースに糊付けをして切り取る。
Al final almidona el encaje y lo corta / In the end, starch the lace and cut it.

「夏　蝶」Verano: mariposa / Summer: batterfly

蝶の作図　Gráfico:mariposa / Grafic:butterfly

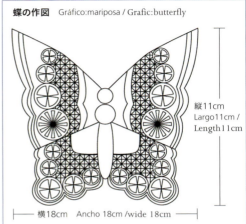

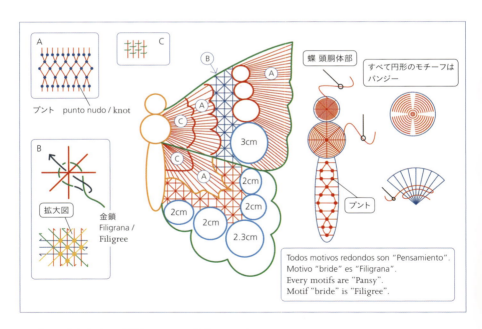

最後に、出来上がった「蝶」のレースに糊付けをして切り取る。
Al final se almidona el encaje y se corta / In the end, starch the lace and cut it.

3 「秋　枯れ葉」 Otoño; hojas secas / Autumn; dead leaf

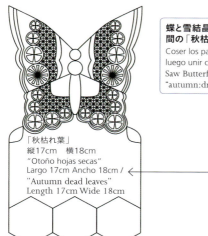

蝶と雪結晶の部分を布に縫い留め、
間の「秋枯れ葉」の部分を作る。
Coser los parte de "Mariposa" y "Cristal de nieve" a la tela, luego unir con el parte de "Otoño hoja seca". /
Saw Butterfly and snow crystal parts to fabric, then join with "autumn:dra leaf" part.

「秋枯れ葉」
縦17cm　横18cm
"Otoño hojas secas"
Largo 17cm Ancho 18cm /
"Autumn dead leaves"
Length 17cm Wide 18cm

A. 初めに葉の部分を作っていきます。 Primero tejer las hojas / First weave leaves

葉A
HojaA / leafA

葉B
HojaB / leafB

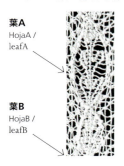

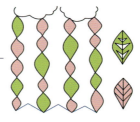

葉B　HojaB / leafB　　　　　　　　　　葉A　HojaA / leafA

拡大図

刺し始め　Comienzo / biginning

枯れ葉1
Hoja seca 1 /
Dead leaf 1

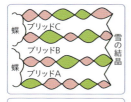

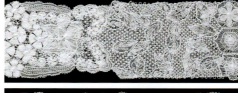

枯れ葉2
Hoja seca 2 /
Dead leaf 2

Obra　105

B. 金鎖（ブリデBride）を使って枯れ葉1,2を繋げる。
Unir las hojas secas con el motivo de "Filigrana / Tie Dead leaves with motif of filigree

枯れ葉1
金鎖ABC

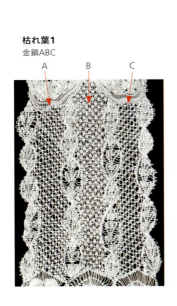

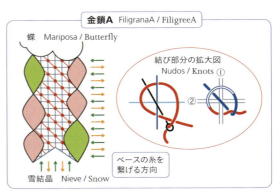

金鎖A FiligranaA / FiligreeA

蝶　Mariposa / Butterfly
結び部分の拡大図　Nudos / Knots
ベースの糸を繋げる方向
雪結晶　Nieve / Snow

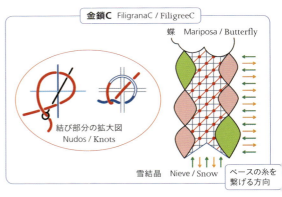

金鎖C FiligranaC / FiligreeC

結び部分の拡大図　Nudos / Knots
蝶　Mariposa / Butterfly
雪結晶　Nieve / Snow
ベースの糸を繋げる方向

枯れ葉2
金鎖B　Filigrana B / FiligreeB

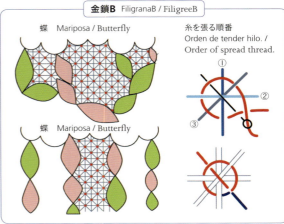

金鎖B FiligranaB / FiligreeB

蝶　Mariposa / Butterfly
糸を張る順番
Orden de tender hilo. /
Order of spread thread.

106 ❄ 付録

「春　桜と流水紋」 Primavera; Sakura y emblema de la corriente / Spring; Sakura and dead leaf

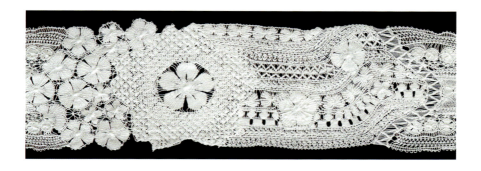

春作図　縦17cm 横47cm　Gráfico:largo17cm ancho47cm / Grafic:length17cm wide47cm

A. 桜小部分の作成　Hacer la flor de cereza pequeña / Make small "Sakura" flower

Obra ✻ 107

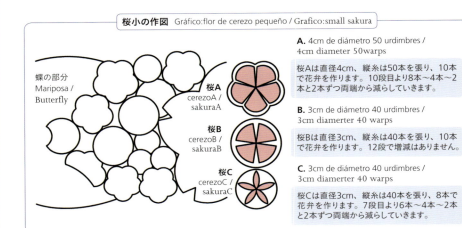

B. 桜大の作成　Hacer flor de cerezo grande / Make big "Sakura" flower

C. 流水紋の作成
Hacer emblema de la corrientea /
Make flow emblem

流水紋の作図
Gráfico: emblema de la Corriente /
Grafic: flow emblem

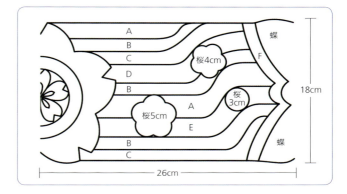

流水紋で使用したモチーフ Motivos para Emblem de corriente / Motifs for flower Emblem

A. クモ	B. ローズマリー	C. ネクタイ	D. 蟻塚	E. 祭壇	F. 折れ線
Araña / Spider	Romero / Rosemary	Corbata / tie	Hormiguero / Anthill	Altar / Altar	Curva / Curve
縦糸16本で模様	4本で模様	6本で模様	7本で模様	12本で模様	9本で模様
16Urdimbres / 16warps	4Urdimbres / 4warps	6Urdimbres / 6warps	7Urdimbres / 7warps	12Urdimbres / 12warps	9Urdimbres / 9warps

流水紋の作り方

最初に桜の部分を作る。流水紋は最初に一番下のネクタイのモチーフを作り、その次にベースを繋げてローズマリーを作る。このように、下の部分から上へと繋げていく。

Cómo hacer un patrón de la corriente: haga un motivo de corbata al principio, luego únase al romero y sigue. /
How to make water flower pattern: make a tie motif in the bengnning then join the rosemary and go up.

流水紋と蝶の繋ぎ方

それぞれのレース部分をモチーフFで繋げていく。

Unirse dos partes de lace con motif F. /
Connect each lace part with a motif F.

糸の張り方

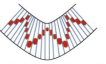

Tender un hilo. /
stretch the theread

モチーフFの巻き方

Cómo enrollar motivo F /
How to wind motif F

Obra ✤ 109

装丁・本文デザイン｜大野リサ
イラスト｜nosono
編集｜重田 玲(株式会社スターダイバー)

室澤富美香 (むろさわ・ふみか)
Fumika Murosawa

東京女子大哲学科卒。
大学卒業後、JICAよりコスタリカ大学言語学科の日本語講師として派遣される。帰国後、JICA、外務省のスペイン語のコーディネーターとなる。JICA職員の夫の転勤に伴い、ブラジル、パラグアイ、メキシコ、コロンビアに駐在し、ニャンドゥティに出会う。

1999年　パラグアイ、パラグアイ・日本センターで展覧会を開催
2006年　雄鶏社60周年記念「素晴らしき刺繍の世界」展に招待参加
2007年　ヴォーグ学園で日本初のニャンドゥティレース講師となる。
2011年　メキシコ、日墨協会において講演会と展覧会を開催
2014年　ブラジル、ブラジリアインターナショナル婦人協会の美術展に参加
2019年　コロンビア、ボゴタの日本センターで講演会と展覧会を開催

ホームページ: http://nhanduaranhaf3k.wix.com/lace

　Gradué de la Universidad de Mujeres Cristianas de Tokio en la facultad de Filosofia, vivía en Brasil, Paraguay, Mexico y Colombia por trabajo de marido como funcionario de JICA, y conocí el Ñandutí en Paraguay.

1999, Exposición en Asunción, Paraguay.
2006, Participé en la exposición de 60 años de aniversario de Ondorisha en Japón.
2007, Primera profesora del Ñandutí de la escuela del arte de Japón "VOGUE" de Tokio.
2011. Charla y Exposición en la asociación México Japonesa en la ciudad de México.
2014. Participé en la exposición del arte de la asociación de mujeres Internacionales de Brasília, Brasil.
2019, Charla y Exposición del Centro de Japón en Bogotá, Colombia.

　Graduated from Tokyo Women's Christian University, at the faculty of Philosophy. Lived in Brazil, Paraguay, Mexico and Colombia because of my husband's job as a JICA official, and I found the Ñandutí in Paraguay.

1999, Exhibition in Asunción, Paraguay.
2006, participated in the 60th anniversary exhibition of Ondorisha in Japan.
2007 First professor of Ñandutñi of the art school of Japan "VOGUE" of Tokyo.
2011. Talk and Exhibition at the Mexican Japan Association in Mexico City.
2014, Participated in the exhibition of the art of the Association of International women of Brasília, Brazil.
2019, Talk and Exhibition of the Center of Japan in Bogotá, Colombia.

El Secreto del Ñanduti
Las mujeres anónimas que arriesgaron
sus vidas por los sueños en los que creyeron.

ニャンドゥティの秘密
夢に命をかけた女性たち

2019年12月21日　初版第1刷発行

著者	室澤富美香
発行者	武村哲司
発行所	株式会社開拓社
	〒113-0023 東京都文京区向丘1丁目5番2号
	TEL: 03-5842-8900（代表）
	振替 00160-8-39587
印刷・製本	株式会社シナノ

JCOPY 〈(社)出版者著作権管理機構 委託出版物〉
本書の無断複写は、著作権法上の例外を除き禁じられています。複写される場合は、そのつど事前に、
(社)出版者著作権管理機構（電話03-3513-6969、FAX03-3513-6979、e-mail:info@jcopy.or.jp）の
許諾を得てください。

©Fumika Murosawa 2019, Printed in Japan
ISBN 978-4-7589-7022-8 C0039